*A Vinda da Família Real
Portuguesa para
o Brasil*

Thomas O'Neil

A Vinda da Família Real Portuguesa para o Brasil

TRADUÇÃO
Ruth Sylvia de Miranda Salles

ENSAIO INTRODUTÓRIO
Lilia Moritz Schwarcz

3ª edição

PREFEITURA
DO RIO DE JANEIRO

JOSÉ OLYMPIO
EDITORA

Título original em inglês:
A CONCISE AND ACCURATE ACCOUNT OF THE
PROCEEDINGS OF THE SQUADRON UNDER THE COMMAND
OF THE REAR ADMIRAL SIR SYDNEY SMITH, K. S. & C. IN
EFFECTING THE ESCAPE OF THE ROYAL FAMILY OF
PORTUGAL TO THE BRAZILS, ON NOVEMBER, 29, 1807;
AND ALSO THE SUFFERINGS OF THE ROYAL FUGITIVES
DURING THEIR VOYAGE FROM LISBON TO RIO DE JANEIRO:
WITH OTHER INTERESTING AND AUTHENTIC FACTS.
BY LIEUT. COUNT THOMAS O'NEIL. LONDON, 1810.

Reservam-se os direitos desta edição à
EDITORA JOSÉ OLYMPIO LTDA.
Rua Argentina, 171, 1° andar
São Cristóvão
20921-380 Rio de Janeiro, RJ
República Federativa do Brasil
Tel.: (21) 2585-2060
Fax: (21) 2585-2086
Printed in Brazil / Impresso no Brasil
Atendemos pelo Reembolso Postal

ISBN 978-85-03-00972-0

Capa: Victor Burton sobre *Embarque de D. João VI para o Brasil*, de Henri L. Evêque, óleo sobre tela c.1807

CIP-BRASIL. CATALOGAÇÃO-NA-FONTE
SINDICATO NACIONAL DOS EDITORES DE LIVROS, RJ

O67v

O'Neil, Thomas
   A viagem da Família Real portuguesa para o Brasil / Thomas O'Neil ; tradução de Ruth Sylvia de Miranda Salles. - 3ª ed. - Rio de Janeiro : José Olympio : Secretaria Municipal das Culturas, 2008.

   Tradução de: A concise and accurate of the proceedings of the squadron under the command of the rear admiral Sir Sydney Smith, K. S. & C. in effecting the escape of the Royal Family of Portugal to the Brazils, on November, 29, 1807 ; and also the sufferings of the Royal Fugitives during their Voyage from Lisbon to Rio de Janeiro : with other interesting and authentic facts
   ISBN 978-85-03-00972-0

   1. João VI, Rei de Portugal, 1767-1826. 2. João VI, Rei de Portugal, 1767-1826 - Viagens - Brasil. 3. O'Neil, Thomas - Diários. 4. Portugal - Política e governo - 1777-1816. 5. Grã-Bretanha - História naval - Século XIX. I. Rio de Janeiro (RJ). Secretaria Municipal das Culturas. II. Título.

08-3392.   CDD: 946.903
                        CDU: 94(46)"1763/1821"

D. JOÃO VI NO RIO

Prefeitura da Cidade do Rio de Janeiro

Cesar Maia PREFEITO

Comissão para as comemorações pelo bicentenário da chegada de D. João e da Família Real Portuguesa ao Rio de Janeiro

Alberto da Costa e Silva
COORDENADOR

Ricardo Macieira
SECRETÁRIO MUNICIPAL DAS CULTURAS

André Zambelli
SECRETÁRIO MUNICIPAL DO
PATRIMÔNIO CULTURAL

Ágata Messina
SECRETÁRIA ESPECIAL
DE COMUNICAÇÃO SOCIAL

Bastos Cezar
SUBSECRETÁRIO DE TURISMO

Com este *Relato sucinto e preciso* do tenente e conde Thomas O'Neil, a comissão criada pelo prefeito César Maia para organizar as comemorações dos duzentos anos da chegada de d. João e da Família Real portuguesa à cidade do Rio de Janeiro dá início a uma série de publicações que compreenderão obras sobre a época, inéditas ou, desde muito, fora do comércio, e livros que então eram lidos na Corte transplantada para o Brasil ou que aqui foram editados pela Impressão Régia.

O depoimento do tenente O'Neil, embora muito citado pelos historiadores, nunca foi traduzido e publicado em Portugal ou no Brasil. Quando este pequeno livro saiu em Londres, em 1810, os acontecimentos nele narrados ainda eram memórias do dia anterior, e, por isso, o texto do oficial de marinha irlandês tem, ainda hoje, o gosto de reportagem. Como a tiragem do livrinho foi pequena e destinada em grande parte a subscritores — e na lista destes se enumera o que de mais importante havia na nobreza e nas altas rodas políticas e sociais da Grã-Bretanha —, é difícil de ele ser encontrado nas bibliotecas. Graças à generosidade de José Mindlin, que dele possui um exemplar, pudemos fotografá-lo, para proceder à tradução.

Na roupagem da língua portuguesa, a prosa simples e até, algumas vezes, desajeitada de O'Neil não perde o seu sabor na descrição das peripécias (umas vividas e outras imaginadas) da partida de Lisboa e da viagem Atlântico afora nem, muito menos, apaga a emoção com que o acompanhamos no deslumbramento diante da beleza luminosa do Rio de Janeiro.

ALBERTO DA COSTA E SILVA
Presidente da Comissão

RICARDO MACIEIRA
Secretário Municipal das Culturas

ANDRÉ ZAMBELLI
Secretário Municipal do Patrimônio Cultural

ÁGATA MESSINA
Secretária Especial de Comunicação Social

PAULO BASTOS CEZAR
Subsecretário de Turismo

HOMENS (E A CORTE) AO MAR: O RELATO DE UMA AVENTURA

Lilia Moritz Schwarcz

A obra que o leitor tem nas mãos é o relato de uma grande aventura. Melhor, um pretenso relato, uma vez que seu autor — Thomas O'Neil — contou uma história que, de fato, não presenciou. Mas, com efeito, isso pouco importa, pois o que vale é a descrição dessa inusitada aventura histórica, envolvendo três nações em litígio (declarado ou não) — Portugal, França e Inglaterra — e uma colônia que rapidamente, e como conseqüência desse episódio, seria elevada a Reino Unido e, oportunamente, a uma espécie de metrópole nos trópicos. Esse depoimento é, assim, inaugural: revela os procedimentos tomados pela tropa comandada por *sir* Sidney Smith, comandante que teve papel fundamental na jornada que trouxe a Família Real portuguesa ao Brasil, entre os anos de 1807 e 1808. Smith não era um comandante qualquer. Conhecido por suas atividades na Marinha inglesa, o "Leão do Mar" ficaria mais tarde renomado por suas relações improváveis com dona Carlota Joaquina e por seu empenho em dar guarida às pretensões da futura rainha consorte, de conquistar a Argentina, como seu reino particular.

No entanto, essa já é outra história. Esta que vamos começar a contar — e que inclui Smith em seus desenlaces — começa em julho de 1807, quando, imediatamente após a assinatura do Tratado em Tilsit, Napoleão deu uma espécie de "basta": era hora de Portugal decidir-se de uma vez por todas e revelar onde morava sua lealdade: com os franceses ou com os ingleses. E para "ajudá-lo na decisão", o imperador incumbiu o ministro português em Paris, d. Lourenço de Lima, da responsabilidade de transmitir a d. João suas instruções. O recado era claro e implicava, no final das contas, uma declaração de guerra à Inglaterra.

E assim começa a nossa aventura. As medidas exigidas por Napoleão não eram poucas e surgiam não só incontornáveis como pouco afeitas à filosofia ou ao adiamento: o ministro português residente em Londres deveria ser retirado, assim como a saída do inglês de Lisboa era exigida; os portos seriam fechados aos navios ingleses e, por fim, seriam presos os ingleses residentes em Portugal, confiscando-se suas propriedades. O marechal tinha pressa, pois o prazo era de um mês: até o 1º de setembro. Após este período, o não-cumprimento das exigências seria considerado uma declaração de guerra contra a França e a Espanha.

Além do mais, não confiando na presteza e no caráter decidido do príncipe português, Napoleão foi além das representações diplomáticas, nomeou o general Junot, que já havia sido seu representante em Lisboa, para organizar a formação de uma armada em Bayonne, nos limites da França com a Espanha. É dessa maneira, portanto, que se inicia o episódio conhecido como a fuga da Família Real, para alguns, ou a viagem da Corte, para outros.

D. João, que até então se mantinha apartado da política e que, no momento, descansava no palácio de Mafra, distante cerca de trinta quilômetros de Lisboa, recebeu no dia 12 de agosto a visita de seu ministro "afrancesado", Antonio Araújo de Azevedo, que lhe trazia as novidades em forma de ameaça. Sabemos bem como vai terminar essa história. O fato é que a política da neutralidade, empreendida por tanto tempo e com tamanho sucesso por Portugal, entraria em estado terminal e, desta vez, a Família Real viria mesmo para o Brasil, mas com a proteção inglesa.

Num primeiro momento, d. João bem que tentou contemporizar a situação. E para contrabalançar os anseios do ministro d. Antonio Araújo de Azevedo, ninguém melhor que o "anglófilo" d. Rodrigo de Sousa Coutinho, que andava meio afastado do centro do poder.[1] O príncipe contava ainda com seus diletos, com quem trocava confidências: José Egydio Alvarez de Almeida, encarregado do Gabinete; João Diogo de Barros, secretário do Infantado; Thomas Antonio Vilanova Portugal, fiscal do Erário; Manoel Vieira da Silva, seu médico; e os Souza Lobato — Francisco José e Matias Antonio — na função de guarda-roupas.[2] Mas a decisão seria de poucos e entre poucos.

---

[1]"Jornada do Sr. D. João VI ao Brasil em 1807", anônimo, In: PEREIRA, Ângelo. *Os filhos do Rei D. João*. Lisboa, 1946: 101. Totalizando oito integrantes, o grupo de conselheiros contava ainda com José Xavier de Noronha Camões de Albuquerque de Sousa Moniz, quarto marquês de Angeja; Henrique José de Carvalho e Melo, segundo marquês de Pombal; José Luís de Vasconcelos e Sousa, primeiro marquês de Belas e sexto conde de Pombeiro e regedor das Justiças do Reino; João Rodrigues de Sá e Melo, visconde de Anadia e secretário de Estado para os Negócios da Marinha e Domínios Ultramarinos; e Fernando José de Portugal, presidente do Conselho Ultramarino.

[2]"Jornada do Sr. D. João VI ao Brasil em 1807", op. cit.

Foi na primeira sessão do Conselho — em Mafra, no dia 19 de agosto — que d. João expôs os termos da intimação de Bonaparte. Escreveu-se uma minuta na qual Portugal concordava em fechar os portos aos ingleses, aderindo ao Bloqueio Continental, mas negava-se a prendê-los, confiscar-lhes os bens ou expulsá-los.[3] O fundamental continuava a ser evitar a guerra e, não sendo possível, analisar então qual das alianças seria melhor para a manutenção da monarquia e para os interesses do Estado português. E enquanto isso, a tática diplomática de agradar aos franceses sem, contudo, ofender os ingleses ainda parecia possível.

No dia 26 de agosto foi a vez da segunda reunião do Conselho, também em Mafra. A sessão correu em torno de dois temas.[4] Primeiro, aprovaram-se os termos da resposta ao ultimato de Bonaparte, sendo essa correspondência imediatamente expedida para Paris e Madri. Não se esqueceram também de contar tudo o que se passava ao governo britânico. O que não se registrou oficialmente foi o que o inglês Percy Clinton Sidney, visconde de Strangford, enviado de seu governo em Lisboa, escreveu para seu superior em Londres, George Canning, secretário de Estado dos Negócios Estrangeiros, sobre os resultados dessa reunião. Até os ingleses sabiam, naquele contexto, que a intenção de Portugal era ganhar tempo. Dizia Strangford que Portugal não tinha jeito de se esquivar de Bonaparte e a

---

[3]Para detalhes sobre as reuniões do Conselho neste período, ver MARTINS FILHO, Enéas. *O Conselho de Estado português e a transmigração da Família Real em 1807*. Rio de Janeiro: Ministério da Justiça, Arquivo Nacional, 1969.
[4]*Assento do Conselho de Estado do dia 26 de agosto de 1807*. Arquivo Nacional, Fundo Negócios de Portugal, caixa 714.

guerra contra a Inglaterra seria declarada, mas como simulação. E para dar um ar de veracidade ao caso, o governo português autorizava a Inglaterra a capturar todos os seus navios de guerra que operassem contra os ingleses. Enfim, Portugal propunha uma guerra "para francês ver".

No entanto, outro assunto tratado nessa mesma reunião levantaria ainda mais polêmica: a conveniência, ou não, de se enviar para o Brasil o sucessor de d. João, seu filho Pedro, o príncipe da Beira.[5] A sugestão baseava-se na necessidade de pôr a salvo a monarquia portuguesa, que, dessa maneira, não cairia diante do invasor. Na sessão seguinte, em 2 de setembro, chegou-se a discutir a data em que o herdeiro do trono deveria partir e os detalhes da viagem.[6] Foram até liberados 240 contos do Erário para que a frota, que conduziria o príncipe da Beira para o Brasil, fosse organizada.[7]

Por outro lado, e paralelamente, amadurecia de maneira rápida a idéia de traslado da monarquia portuguesa, e os trâmites prosseguiam nessa direção. A idéia não era nova, mas a circunstância e o apressado da hora, sim. Strangford seria informado, em reunião com d. Antonio Araújo de Azevedo, acerca da idéia de contar com a proteção inglesa.

---

[5] Por carta-patente de 27 de outubro de 1645, d. João IV declarou que seu filho e os demais primogênitos dos reis de Portugal tivessem o título de *príncipe do Brasil*. Em 17 de dezembro de 1734, ao primogênito do príncipe do Brasil coube o título de príncipe da Beira. Portanto, o nosso príncipe regente d. João era também príncipe do Brasil, e seu primogênito Pedro, então com oito anos de idade, tinha o título de príncipe da Beira.

[6] *Assento do Conselho de Estado no dia 2 de setembro de 1807* e *Parecer de Antonio Araújo de Azevedo sobre o título a ser conferido ao príncipe da Beira, no caso de sua ida para o Brasil e sobre a organização da administração daquele vice-reino*. 8 de setembro de 1807. Arquivo Nacional, Fundo Negócios de Portugal, caixa 714.

[7] "Jornada do Sr. D. João VI ao Brasil em 1807". In: PEREIRA, 1946: 101.

O fato é que o "assunto príncipe da Beira" e da viagem da Família Real saía do círculo fechado para ganhar outros ambientes, onde opiniões não faltaram. Alguns defendiam a tese de que a viagem do príncipe d. Pedro era melhor do que a remoção imediata de toda a família, "com uma demente, um chefe mais apático do que ativo de gênio e um bando de crianças".[8] Outros receavam que o súbito traslado da Corte revoltasse a população do reino.[9] No entanto, o problema maior era que, diante de tantos imponderáveis, d. João adiava, como era bem de seu feitio, uma tomada final de decisão.

Para se ter uma idéia, a despeito da urgência política desses dias, passaram-se três semanas sem reunião do Conselho e só em 23 de setembro d. João fez nova convocação. A resposta de Napoleão tinha chegado, no mesmo tom de antes: que Portugal fechasse os portos e declarasse guerra contra a Grã-Bretanha, apreendesse súditos e propriedades inglesas. Portugal, por sua vez, insistiu na mesma tecla: aderia ao bloqueio fechando os portos aos ingleses, mas nada mais faria. Foram esses os termos encaminhados aos representantes da França e da Espanha, sediados em Lisboa, que não aceitaram as condições e ainda ameaçaram deixar o país. O prazo-limite, desde muito expirado, agora seria ainda mais curto: 1º de outubro.[10]

Por essas e outras é que as negociações com a Inglaterra prosseguiam; por esses mesmos dias, um decreto de emergência permitia que os comerciantes ingleses sediados em

---
[8]LIMA, Oliveira. *D. João VI no Brasil*. Rio de Janeiro: Topbooks, 1996: 47.
[9]LIMA, 1996: 47.
[10]MANCHESTER, Alan K. *Preeminência inglesa no Brasil*. São Paulo: Brasiliense, 1973: 67.

Portugal retirassem todas as mercadorias da alfândega, sem pagar taxas e despesas, medida que visava a evitar a captura desses bens pelos franceses, caso ocorresse uma invasão.[11] E mais uma notícia tomava a forma de rumor: a frota que transportaria o príncipe da Beira já estava pronta. As naus *Afonso de Albuquerque* e *D. João de Castro*, mais a fragata *Urânia* e o brigue *Voador*, podiam fazer vela assim que d. João ordenasse.[12]

O mês de setembro foi se encerrando com a temperatura em alta. Em outra sessão do Conselho, no dia 30, no palácio da Ajuda, decidiu-se manter a velha política de simulação ante Napoleão. O problema é que os embaixadores da França e da Espanha, cumprindo suas ameaças, pediriam a restituição de seus passaportes, e a situação tornou-se de fato alarmante.

E as negociações continuavam, mesmo que por debaixo dos panos. O príncipe regente deu plenos poderes a seu ministro sediado em Londres, d. Domingos de Sousa Coutinho, irmão de d. Rodrigo, para tratar secretamente com a Inglaterra os termos de uma compensação pelo fechamento dos portos — ato que não devia tardar. Impaciente, o governo inglês provocava, perguntando se o príncipe regente teria tempo de se retirar como soberano ou como fugitivo.[13]

Em outubro d. João não convocou o seu Conselho, mas mandou que os nomeados se reunissem por quatro vezes

---

[11]MANCHESTER, 1973: 67. Manchester diz que o decreto é de fins de setembro.
[12]*Carta do visconde de Anadia ao príncipe regente*, de 29 de setembro de 1807. Arquivo Nacional, Fundo Negócios de Portugal, caixa 714.
[13]LIMA, 1996: 46. *Papéis particulares do conde do Funchal, 1806-1810*. Coleção Linhares, lata 12, BN, Mss.

sem a sua presença. As posições mais uma vez dividiam-se entre aqueles favoráveis ao estabelecimento de uma aliança imediata com os franceses e outros dispostos a armar a frota real para a defesa do porto, ou para o caso de uma partida súbita da família. O que mudava era o tom: cada vez mais grave e apelando para a urgência da ação. D. Rodrigo de Sousa Coutinho, apesar de ter deixado de comparecer às reuniões oficiais do Conselho, continuava a ser consultado pelo regente, e seus argumentos convergiam para uma só direção: convencer o príncipe regente da imperiosa necessidade de negociar com a Inglaterra e proceder rapidamente à mudança da metrópole para o ultramar.[14]

A essa altura a viagem para o Brasil já não era assunto só de gabinete. Os boatos corriam soltos, e a movimentação nos estaleiros e no porto parecia confirmar o que se suspeitava, despertando muita especulação e insegurança. A ameaça de uma invasão franco-espanhola; a possibilidade da retirada do príncipe da Beira ou de toda a Família Real; um ataque dos navios ingleses... estava tudo no ar. Um Aviso Real aos superiores das igrejas da capital e das províncias, para que depositassem toda a prata em três lugares determinados para que fosse inventariada, só fez piorar o ambiente.[15] Preces públicas, muitas missas, e a capital do reino se voltou para os céus. O cardeal celebrou até missa com *Collecta pro quacumque Tribulacione*, que como

---

[14]Representação feita por d. Rodrigo de Sousa Coutinho, oferecida ao príncipe de Portugal em 16 de outubro de 1807. IHGB, pasta 214, doc. 8.
[15]ROSSI, Camilo Luís. *Diário dos acontecimentos de Lisboa, por ocasião da entrada das tropas, escrito por uma testemunha*. Lisboa: Oficinas Graphicas da Casa Portuguesa, 1949: 5-6.

diz o nome, implicava taxar a população visando à segurança diante das futuras atribulações.[16]

Os ingleses também circulavam pela cidade, mas com objetivos bem mais terrenos: procuravam vender seus bens e embarcar em navios britânicos. Strangford, bom representante do governo britânico, ansiava pela retirada da família, constantemente adiada. Parecia contrariado com o que via, temendo que "toda a frota portuguesa que estava reunida no Tejo se tornasse vítima dos franceses se Lisboa fosse capturada".[17]

Não obstante, e a despeito de tanta agitação, a política portuguesa continuava cambiante. Em fins de outubro, Araújo e mais quatro conselheiros preocupados com a ira de Bonaparte resolveram acelerar os procedimentos, preparando a minuta com os termos da resposta exigida pelo imperador e a enviaram para d. João, que permanecia em Mafra. Por incrível que pareça, no edital publicado em 22 de outubro determinava-se que todos os portos estavam fechados para os navios britânicos e que Portugal se unia à França e à causa continental. Com essas medidas, do tipo toma-lá-dá-cá, o governo acreditava que acalmaria Napoleão, convencendo-o de que tomara partido.

O que só alguns sabiam é que o jogo duplo continuava. No mesmo dia 22, em Londres, foi assinado um tratado secreto: Portugal fecharia seus portos, mas garantiria o direito de a Inglaterra ocupar a ilha da Madeira e ainda abriria um porto, em algum ponto do Brasil, para o qual as mercadorias inglesas fossem escoadas em navios britânicos

---
[16]ROSSI, 1949: 6.
[17]MANCHESTER,1973: 68.

e com impostos facilitados. Em contrapartida, a Inglaterra escoltaria a Família Real, em caso de viagem para o Brasil, e só reconheceria como rei de Portugal o legítimo herdeiro da Casa de Bragança. Mais um detalhe: assim que a Corte se estabelecesse no Brasil, seriam iniciadas negociações para um tratado de assistência e comércio entre a Grã-Bretanha e o governo português.[18]

Chama atenção que, exatamente no mesmo momento, o governo português envolvia-se em duas graves decisões, contraditórias entre si, favorecendo publicamente a França e secretamente a Inglaterra. Tinha razão um frade que morava à beira do Tejo, mas distante de Lisboa, que, sabendo do fechamento dos portos portugueses aos navios britânicos, tomou da pena e escreveu ao príncipe regente: "Os segredos de gabinete são mistérios que comumente só com a razão se não podem entender." Pedia o frade a confirmação da notícia que se espalhava feito pólvora: "Se fazem com tanto estrondo e rumor popular as tristes notícias que correm, de que todas elas se dirigem ao fim de fechar os portos à nação britânica."[19] Faltava ainda saber se as mesmas notícias já haviam atingido seu principal objetivo: os ouvidos de Bonaparte.

Hora de refazer cálculos. No início do século XIX, os correios mais velozes, Paris-Lisboa, por via terrestre, levavam dez ou 11 dias de viagem. Entre o envio de uma correspondência e o recebimento da respectiva resposta, tomava-se praticamente um mês. Lisboa-Londres por via

---
[18]MANCHESTER, 1973:68.
[19]Carta do frei Matias de São Bruno sobre notícias militares contra a Inglaterra. Cartuxa, 2 de novembro de 1807. In: MARTINS FILHO, 1969: 51.

marítima também consumia tempo: sete dias.[20] Assim, a defasagem no diálogo entre as nações era também agravada devido à demora dos correios.

E foi esse tipo de "trombada estrutural" que ocorreu bem no início de novembro. No dia 22 de outubro, o governo português havia declarado sua união à França e ordenado o fechamento de seus portos aos navios ingleses. Porém, no dia 1º de novembro, Portugal tomou conhecimento das exigências drásticas tomadas por Napoleão, no dia 15 de outubro, em conferência com o embaixador português, d. Lourenço de Lima, em Fontainebleau.[21] Chegando em Lisboa no dia 1º de novembro, d. Lourenço transmitiu o recado: "Se Portugal não fizer o que quero, a Casa de Bragança não reinará mais na Europa em dois meses."[22] E mais, o Exército de Junot estava em marcha pelos Pireneus, em direção a Salamanca, com os olhos fixos em Portugal.

Para impedir a invasão francesa iminente, o governo português teria de declarar guerra à Grã-Bretanha, não sem antes seqüestrar os bens dos ingleses e prendê-los, a despeito de, a essa altura, poucos deles restarem em Lisboa. Havia outra questão delicada: os conselheiros viam a necessidade de Strangford e do cônsul-geral James Gambier se retirarem de Lisboa. Além do mais, d. Lourenço deveria voltar para Paris o mais cedo possível, levando com ele as novas decisões.

---

[20]MARTINS FILHO, 1969: 16.
[21]Parecer do marquês de Pombal, 2 de novembro de 1807. In: MARTINS FILHO, 1969: 59.
[22]MARTINS FILHO, 1969: 10.

No entanto, mais uma vez o calendário foi atropelado: a França e a Espanha já tinham assinado um tratado no dia 27 de outubro, pouco depois da partida de d. Lourenço. Conforme o trato, Portugal seria retalhado em três partes: o Entre-Douro e o Minho ficariam para a rainha da Etrúria, em troca da Toscana; Alentejo e Algarves passariam para a Espanha, e o maior pedaço — Beira, Trás-os-Montes e Estremadura —, para a França. Já as colônias americanas seriam também repartidas.[23] Ou seja, Bonaparte também fazia seu jogo: de um lado ameaçava, mas abria espaço para negociações, retendo assim d. João em Lisboa; de outro, enviava as suas tropas rumo a Portugal. É possível imaginar que, no seu gabinete em Lisboa, d. João também tivesse nas mãos as mesmas cartas: em sigilo absoluto, a sua partida para o Brasil contando com a proteção inglesa estava acertada, apesar de pretender reter as tropas de Napoleão até o último momento.

No dia 5 de novembro, o governo português, ainda tentando um arranjo com Bonaparte, ordenou finalmente a detenção dos residentes ingleses e o seqüestro de seus bens; não sem antes prevenir Strangford para que tomasse as devidas precauções.[24] Os caminhos iam se definindo, mas desencontrados, com as decisões se sobrepondo. Portugal continuava investindo em um acordo com Napoleão e, para acalmá-lo, propagava seu rompimento com a Inglaterra, sem saber que a decisão franco-espanhola, de invadir suas fronteiras, já estava tomada.

---

[23]LIMA, 1996: 37.
[24]MANCHESTER, 1970: 207.

Também em Londres os fatos precipitavam-se. No dia 7, desconhecendo o que ocorrera em Lisboa dois dias antes, o ministro Canning baixou ordens para que a frota inglesa capturasse a portuguesa e bloqueasse Lisboa, caso os portugueses não cumprissem imediatamente os termos da convenção secreta de 22 de outubro. E ainda: se o príncipe regente não viesse para o Brasil, iniciaria o bombardeio em Lisboa.[25]

Nesse meio-tempo, o próprio cotidiano da cidade de Lisboa já não era o mesmo. Rezas de um lado, preparos militares de outro, falatórios, boatos e intrigas. Bom momento para superstições: uma beata espalhou pela cidade ter tido a revelação de que, se o príncipe regente embarcasse para o Brasil, a sua nau naufragaria. Pior é que o regente ficou sabendo e a previsão "lhe causara desconcerto de idéias".[26] Enfim, estabilidade e segurança eram palavras de que ninguém se lembrava mais. E no mercado local começavam a faltar mantimentos: a carne e o trigo eram tão poucos que, em 16 de novembro, foi baixado um edital regulando o uso da farinha, só se admitindo produção de pão — nada de biscoitos, bolos, brioches e docinhos.[27]

Em Londres, o representante do governo português, d. Domingos de Sousa Coutinho, estava temeroso.[28] Escreveu a d. João, em 11 e 12 de novembro, comentando a

---

[25]MANCHESTER, 1973: 70.
[26]MORAES, Alexandre José de Mello. *História da transladação da Corte portuguesa para o Brasil em 1807.* Rio de Janeiro: Livraria da Casa Imperial de E. Dupont editor, 1872: 53.
[27]ROSSI, 1949: 9.
[28]*Cartas a Sua Alteza Real,* BN, Mss, 10, 3, 29. Todas as citações que se seguem, no contexto, estão nesse mesmo documento.

adesão de Portugal ao sistema continental e o fechamento dos portos, fato do qual acabara de tomar conhecimento. Ajuizava que a notícia causara "temerosa desconfiança e horríveis suspeitas" no ministério inglês. Comentava ainda sobre as "saudáveis intenções" da esquadra inglesa que estava por sair com instruções de escoltar a Família Real, caso quisesse logo embarcar. Consternado, d. Domingos prevenia o príncipe regente de que a mesma esquadra, destinada a salvá-lo, se viraria contra Lisboa, caso fosse confirmada uma adesão à causa bonapartista.

Mal sabia d. Domingos que, nesse momento, as delegações portuguesas na Espanha e na França tinham sido intimadas a se retirar. Também não sabia que Portugal ainda tentava conter os franceses: em sessão do dia 8, os conselheiros de Estado decidiram que Marialva e d. Lourenço de Lima deveriam ir a Paris cumprimentar Bonaparte. Por seu lado, Portugal ignorava que a França e a Espanha já haviam planejado retalhar seu território pelo Tratado de Fontainebleau. Como se vê, ninguém sabia de nada, ou melhor, cada um só possuía a sua parte do quebra-cabeça. Mas os conselheiros passaram a se prevenir: determinaram que se acabasse de aprontar os navios de guerra para o transporte da Família Real.

O que os conselheiros também não podiam imaginar era que daí a três dias — a 11, em Paris — sairia um número do *Le Moniteur*, órgão oficial do Império francês, com o Tratado de Fontainebleau impresso e tornando pública a decisão de Bonaparte de destronar a Casa de Bragança. Agora o dilema do regente português estava por um fio: o tempo de um "correio" Paris-Lisboa, trazendo um exemplar da gazeta, seria o suficiente para Portugal enfrentar o Atlântico.

Nos dias seguintes, o embaixador de Portugal na Corte da Espanha retornou e o seu colega espanhol deixou Lisboa. Strangford recebeu o ofício de Araújo, prevenindo-o da importância de sua retirada do território português, mas, mesmo assim, não saiu de imediato. Já devia estar prevenido — assim como d. João estava — de que a esquadra de Sidney Smith chegaria a qualquer momento e então poderia alojar-se no navio do contra-almirante, como de fato o fez.

E chegam os ingleses

Foi, portanto, no dia 16 de novembro que a esquadra inglesa apareceu na entrada do porto de Lisboa, com uma força de sete mil homens. Sabemos que, naquele momento, a Corte portuguesa, ignorante das determinações de Napoleão, pendia para um entendimento com o continente e tinha se distanciado das negociações com o governo inglês. No entanto, o leitor tem em mãos elementos que os marinheiros ingleses não possuíam: nem Thomas O'Neil (o autor do relato de 1810) nem mesmo Smith (chefe da Marinha inglesa recém-aportada) tinham idéia, àquelas alturas, da real situação. Por sinal, a tarefa formal de Smith — assistir ao traslado da Família Real para o Brasil e comboiá-lo — parecia ter passado para segundo plano. Mas falta o mais grave: o que não se conhecia ainda em Lisboa é que as tropas de Junot, estacionadas em Alcântara, já tinham atingindo as fronteiras de Portugal.

Como se pode imaginar, os dias que antecederam a partida foram desencontrados. Em conferência com Strangford,

Smith decidiu declarar o bloqueio ao ingresso no Tejo, até que tudo se arranjasse amigavelmente. Ao mesmo tempo, as primeiras notícias sobre os Exércitos franceses chegavam a Lisboa, causando muita confusão na Corte. Nem mesmo a Secretaria da Guerra tinha idéia dos progressos dos invasores, e os boatos corriam soltos: falava-se em Exército inglês, nos russos e "outros espectros que tornavam aziagas aquelas horas de provação".[29] Pior do que os tantos fantasmas que rondavam o palácio eram as tendências — pró-França ou pró-Inglaterra —, que faziam nosso príncipe oscilar como pêndulo. As duas principais correntes políticas apresentavam suas propostas ao regente. O "anglófilo" d. Rodrigo de Sousa Coutinho defendia a resistência e, se necessário, a retirada para o Brasil. Já d. Antonio Araújo de Azevedo — o "afrancesado" — queria ainda estabelecer um entendimento com Bonaparte.

Por sua vez, Strangford não perdia tempo e lançava mão de toda a sua habilidade diplomática: instalado a bordo da nau de Sidney Smith, escreveu a d. João dizendo esquecer as hostilidades praticadas por Portugal contra a Inglaterra e propondo ajuda naquele momento e no futuro, desde que a partida para o Brasil fosse imediata. Levou a carta em mãos e relatou posteriormente ao ministro Canning o que sucedera naquela ocasião: "Percebi que nenhum momento devia ser perdido e meu dever era afastar da mente de Sua Alteza Real todas as esperanças de acomodar os negócios com os invasores do país, terrificá-lo com descrições sombrias e lúgubres da situação da

---

[29]CUNHA, Penner da. *Sob fogo: Portugal e Espanha entre 1800 e 1820*. Lisboa: Livros Horizonte, 1988: 76.

capital, que eu deixara havia pouco, e então fasciná-lo de repente com as brilhantes perspectivas à sua frente, dirigir todos os seus temores para um Exército francês e todas as suas esperanças para uma frota inglesa..."[30] E para consolidar seus argumentos, Strangford teria entregue a d. João o exemplar do *Moniteur*, revelando a verdadeira intenção dos franceses.

Essa pareceu ser a gota d'água. Tanto que d. João convocou o Conselho na noite de 24 de novembro para comunicar que as tropas francesas haviam alcançado Abrantes e que, em marcha forçada, poderiam entrar na capital dos portugueses em três ou quatro dias. E a decisão foi finalmente tomada: o governo deveria entender-se imediatamente com Strangford e Smith e tratar de preparar o embarque de toda a Família Real para o Brasil, sem perder um só instante. Uma Junta de Governo do Reino foi nomeada para reger Portugal na ausência do soberano, e preparou-se uma declaração sobre a viagem ao Brasil, a ser publicada por d. João no momento da partida.

No dia 27, d. João embarcou, seguido de toda a família. A seguir, precipitaram-se em direção à praia as famílias de ministros, conselheiros de Estado, oficiais e servidores, fidalgos, nobres e os amigos mais chegados do príncipe regente, abarrotando os navios da Real Frota. Na manhã de domingo, 29 de novembro, levantaram âncoras. No mesmo dia, os soldados de Napoleão entravam em Lisboa.

Para a gente portuguesa sobraram as últimas palavras de seu monarca, impressas na declaração que fez publicar

---

[30]MANCHESTER, 1973: 71.

quando já instalado no navio. Até mesmo nessa hora o governo português tentou impedir o rompimento final com a França. Evitava-se o termo "invasão" e, ao contrário, o regente referia-se ao Exército francês como uma tropa estrangeira estacionada em território português e que deveria ser bem abrigada, "conservando sempre a boa harmonia que se deve praticar com os Exércitos das nações com as quais nos achamos unidos no continente".[31] Aí estava o derradeiro ato desse teatro da neutralidade.[32]

De toda maneira, não é qualquer dia que uma monarquia está de mudança. E se a idéia não era original, e fora sugerida em outras ocasiões, nesse momento caía por sobre as reais cabeças e, como escreveu o historiador Raymundo Faoro, "o plano se fez realidade, com o furacão napoleônico desencadeado sobre a Europa, no momento em que muitos reis perdem o trono ou o entregam à voracidade das armas francesas (....); a dinastia de Bragança cumpria um destino já entrevisto pelo primeiro rei dessa Casa, d. João IV".[33]

Os relatos da viagem se contradizem em datas, em nomes, em decisões; há graves lacunas seqüenciais, tornando difícil precisar exatamente o que ocorreu, com quem e quando. Além do mais, em tempos de guerra e diante de missões como essas, nem tudo se fazia às claras,

---

[31] A íntegra da declaração pode ser encontrada in: VARNHAGEN, Francisco Adolfo de. *História Geral do Brasil*. São Paulo: Melhoramentos, 1962: 58-59.
[32] D. João iria declarar guerra à França em 1º de maio de 1808, no Rio de Janeiro, quando considerou que a França, por suas atitudes em Portugal, havia rompido o pacto de neutralidade.
[33] FAORO, Raymundo. *Os donos do poder*. Porto Alegre: Globo, 1979, v.1: 248.

e decisões importantes eram tratadas secretamente. Sem a pretensão de ter esgotado o tema, vale a pena recuperar não só o momento em que *sir* Sidney Smith entrou na nossa história — para nela ficar —, como o calibre de seu relato. O fato é que naquela madrugada, dia 25 de novembro de 1807, quando d. João encerrou a sessão do Conselho de Estado com a decisão tomada, havia ainda muito que fazer. A Família Real deveria embarcar para o Brasil daí a dois dias, antes que as tropas de Napoleão, que já tinham cruzado as fronteiras lusitanas, alcançassem Lisboa. Era hora de executar o plano que já se conhecia de cor e traçar, rapidamente, o procedimento operacional para dar cabo da gigantesca tarefa: trasladar, da terra para o mar, tudo e todos que significassem sobrevivência e sustentação do governo monárquico, que seria instalado no Rio de Janeiro. O tempo era curto, a extensão da viagem, longa e cheia de imprevistos: era a primeira vez que uma Casa Real cruzava o Atlântico e tentava a sorte longe do continente europeu. Longe dos tempos dos primeiros descobridores, que atravessaram o oceano para encontrar riqueza e glória em terras americanas, agora era a própria dinastia de Bragança que fugia (na visão de alguns), evitava sua dissolução (na visão de outros) ou empreendia uma política audaciosa, escapando do tratamento humilhante que Napoleão vinha dando às demais monarquias.

Sobre o capitão Smith: a história vista pelo outro lado[34]

Pouco se conhece no Brasil sobre Smith, esse marinheiro que fez carreira naval na Inglaterra, iniciada aos 13 anos de idade. Seu primeiro posto foi ocupado no *Tortoise*, um navio depósito de víveres armado com 32 peças. De lá, Smith foi transferido para o brigue *Unicorn* e ainda na costa americana conheceria sua primeira batalha. O resultado é que o brigue perdeu 13 homens e muitos ficaram feridos, incluindo Smith; ele herdou um estilhaço que lhe abriu a testa.

Em setembro de 1779, foi transferido para a nau de linha *Sandwich*, uma nau capitânia do esquadrão do canal da Mancha, sob o comando de um dos mais famosos almirantes ingleses da época: Rodney. Um ano depois, Smith prestaria exame para tenente. No entanto, Smith, que desconhecia as regras da sua instituição naval, teve de se resignar apenas com o primeiro degrau da hierarquia, transformando-se em aspirante. Na verdade, se soubesse, talvez Smith tivesse mentido sobre sua idade e os anos de sua atividade; afinal ele tinha, àquelas alturas, apenas 16 anos de idade e três de serviço. Legalmente, o limite mínimo para postular o grau de tenente era de 19 anos, sendo necessários pelo menos seis de serviço.

---

[34] Boa parte das informações sobre Smith foi retirada do estudo de LIGHT, Kenneth. "A viagem da Família Real para o Brasil: 1807-1808". In: *Anais do Seminário Internacional D. João VI: um rei aclamado na América*. Rio de Janeiro: Museu Histórico Nacional, 2000. Registramos também a palestra intitulada "Sidney Smith: um marinheiro herói", proferida por Kenneth Light no Instituto Histórico de Petrópolis em 11 de agosto de 2003 e que pode ser acessada no endereço eletrônico www.ihp.org/docs/khll20030811.htm (texto acessado em outubro de 2006).

Ainda sob o comando de Rodney, Smith participou da batalha de Todos os Santos, perto de Dominica, contra trinta naus de linha francesas. A atuação de Smith deve ter sido notada, uma vez que após o evento passou a comandar a escuna *Fury* e recebeu ordens para oficialmente levar a Londres o relatório que continha o anúncio da vitória. E assim começava a história das relações beligerantes entre Smith, como representante inglês, e a França.

Smith voltou finalmente à Inglaterra em fevereiro de 1784, já como comandante da fragata *Alcmene*, que contava com uma tripulação de trezentos homens. Partiu então, como espião, para o território francês: na Normandia, anotaria detalhes da costa inimiga e das fortificações, além de detalhar métodos de construção de um quebra-mar. Ainda como espião amador, partiu para o Marrocos. Mas, Smith revelaria, já nesse momento, seu caráter (digamos assim) prepotente: com 23 anos escreveu ao almirantado, candidatando-se a comandar um esquadrão na costa atlântica do Marrocos. Apesar da negativa, nada parecia contê-lo: segue então para a Suécia, país que se encontrava em guerra com a Rússia naquele momento.

Nosso marinheiro ajudaria na derrota da Rússia, conquista que fez com que recebesse do rei Gustavo o título de cavaleiro da Ordem da Espada e, ainda, com a permissão do governo inglês, que pudesse usar o título de *sir*. Passou, então, a pleitear um lugar nas forças navais suecas, assim como persuadiu, nesse mesmo contexto, o ministro britânico em Estocolmo a nomeá-lo Mensageiro do Reino. No entanto, apesar de sua autoconfiança e a despeito de sua contribuição na derrota das forças russas, ao voltar a Londres Smith seria muito criticado, sendo acusado da morte de seis capitães ingleses que, na época, trabalhavam para a Marinha russa.

As peripécias de Smith são muitas, e não temos tempo de segui-lo, por exemplo, na Turquia, onde deu continuidade às suas atividades como espião amador, ou embarcar com ele no *Swallow*, barco por ele adquirido e que contava com uma tripulação de quarenta marinheiros ingleses.

O que importa é que nessa época Smith, a despeito de seu renome, era um oficial desempregado, recebendo apenas meio salário. Não obstante, a sorte iria novamente mudar: mesmo estando oficialmente desempregado, foi nomeado comandante de uma pequena nau e receberia instruções, por escrito, de incendiar o maior número possível de navios franceses. Os reveses, idas e vindas são muitos, mas Smith destruiu, só nessa operação, dez naus de linha, duas fragatas e duas corvetas.

Informa o historiador Kenneth Light que o número de embarcações arrasadas pelas forças comandadas por Smith era, até então, maior do que qualquer confronto naval anterior, confrontos esses que tinham trazido riqueza e honrarias aos almirantes. Mesmo assim nosso Smith continuava impopular, em conseqüência de sua personalidade, de seu título sueco, de sua desobediência às ordens e de seu hábito incontrolável de passar por cima de seus superiores.

O objetivo de Smith era, nesse contexto, outro: argumentava que a costa norte da França deveria ser atacada por embarcações de pequeno calado, que possibilitariam chegar perto de áreas mal protegidas. As investidas de Smith teriam êxito e, dessa vez, ele ficaria conhecido por suas operações em mar, acima de tudo devido a seu ataque à costa da Bretanha, quando um pavilhão francês foi capturado. O povo nas ruas de Londres foi ao delírio e até mesmo o Teatro Convent Garden curvou-se a Smith: montou uma opereta intitulada *The Point in Herqui*, ou *O triunfo da valentia britânica*.

Mas depois do triunfo viria uma nova derrota. Smith acreditava na possibilidade de subir o rio Sena e atacar Napoleão na própria capital parisiense. Tenta, então, comandar uma operação que implicava entrar no porto de Le Havre, na embocadura do Sena. Pretendia fazer um reconhecimento da área e, para tanto, liderou alguns marinheiros que entraram no porto remando, silenciosamente, em quatro pequenas embarcações. O grupo seria, porém, rapidamente capturado, uma vez que a falta de vento os teria impedido de deixar o porto. Quando os franceses se deram conta da inusitada invasão, e após mais de uma hora de troca de tiros, Smith decidiu entregar-se: o famoso comandante tornar-se-ia, então, prisioneiro de guerra.

Smith permaneceria preso em Paris por dois anos, o que considerou "uma total perda de tempo". Mas não se dava conta do pior: como oficial da Marinha, poderia esperar por um tratamento mais humano e até ser trocado por algum comandante francês; não obstante, como espião corria o risco de acabar na guilhotina.

A essas alturas, porém, o oficial inglês já era uma lenda viva e alguns monarquistas, que lutavam clandestinamente contra o regime republicano, viram na oportunidade de tirar da cadeia o Leão do Mar — nome pelo qual era Smith denominado dos dois lados do canal da Mancha —, uma forma condigna de manifestação e revolta. O plano foi traçado, uma casa na frente foi alugada, e Smith escapou da prisão, quando pretensamente estava apenas sendo transferido para outro lugar. No entanto, de tão apressada, a fuga quase redundou em desgraça: a carruagem acidentalmente tombou e a tentativa de evasão, bem como o plano monarquista, foi logo descoberta. Mais uma vez, porém, a sina de "nosso herói" o fez ainda mais famoso: perseguido pelo norte da França até a costa, Smith conseguiu fazer a travessia do canal numa pequena embarcação.

Era a volta do "Leão", que chegava às ruas de Londres nos braços do povo, que o entendia como uma espécie de redentor dos britânicos. Mas não foi só: numa seqüência impressionante, Smith seria recebido primeiro por lorde Spencer no almirantado; em seguida pelo primeiro-ministro William Pitt no Parlamento e, finalmente, pelo próprio rei. Depois desse evento, Smith ficaria definitivamente consagrado pela batalha no Egito, em 1798, contra os exércitos franceses. Foi na cidade de Acre (hoje perto da fronteira entre Israel e Líbano), de 15 mil almas, que Sidney Smith decidiu resistir. Comandando pessoalmente tropas turcas, mercenários albaneses, sírios, curdos, marinheiros e fuzileiros navais ingleses, conseguiu parar o avanço do Exército francês na região. No mar, navios sob o seu comando destruíam reforços e víveres das tropas francesas. Foram dois meses de cerco e, após a morte de metade do Exército francês, Napoleão ordenou a marcha de regresso.

Esse foi, talvez, o maior feito na carreira de Sidney Smith, sendo sua vitória comparada, por historiadores especializados em guerras navais, aos atos de Nelson em Trafalgar. O oficial foi ainda condecorado pelo sultão de Acre com o *chelengk:* um penacho coberto de brilhantes para ser usado no chapéu, e que contava com um engenhoso motor a corda, para fazer os brilhantes rodarem. Apesar de várias idas e vindas, um novo tratado seria acordado, e a notícia da vitória (que acabou por unir Smith a Nelson) chegaria em breve à Inglaterra. O Parlamento formalmente reconheceu a grandeza da vitória e votaram uma anuidade de mil libras (vinte mil dólares em valores de hoje). Smith e Nelson eram, agora, reconhecidos como dois grandes heróis da guerra. Smith pensava que se uniria a Nelson no Mediterrâneo, para comandar uma das divisões do seu esquadrão. No entanto, em 1805 chega a notícia da morte de Nelson, na batalha de Trafalgar, e com isso o nome de Smith alcançaria o topo da lista de capitães, sendo nomeado contra-almirante de pavilhão azul. Partiria, então, no ano seguinte, para assumir o comando da divisão junto à costa do esquadrão do Mediterrâneo, com responsabilidade pela Sicília. Nesse local, o rei Bourbon, Ferdinando IV, e a sua rainha Maria Carolina (irmã de Maria Antonieta) encontravam-se seriamente ameaçados pelas tropas de Napoleão, e tropas britânicas, auxiliadas por sicilianos e corsos, tentavam impedir a invasão da ilha da Sicília, uma vez que a parte continental do reino das Duas Sicílias já havia sido tomada pelas tropas francesas, e José, irmão de Napoleão, preparava-se para ser coroado rei de Nápoles. A situação européia era de fato explosiva: Inglaterra e França lutavam para impor suas diferentes hegemonias. Contando com o apoio da rainha, Smith ataca o continente, tomando a ilha de Capri, ao lado da capital, Nápoles. Depois, embarcando cinco mil soldados britânicos, da guarnição da ilha e corsos irregulares, chega até a Calábria. Lá, os *massi*, como eram conhecidos os guerrilheiros das montanhas da Calábria, esperavam para ajudá-los. O confronto com o Exército francês resultou em mais uma vitória das forças britânicas.

Em Londres, porém, e por mais que os resultados fossem positivos, choviam cartas e relatórios dos comandantes ingleses, reclamando da total independência, dos métodos pouco ortodoxos e do desrespeito à autoridade demonstrado por Smith. O comandante, que era figura polêmica, voltava para Londres quando os exércitos de Napoleão capturaram o leste do mar Adriático, com a pretensão de alcançar a Índia. Recebeu, então, contra-ordens e dirigiu-se para Constantinopla, a fim de integrar o esquadrão sob o comando de *sir* John Duckworth. Ele era o único com conhecimento da área, isso sem esquecer de sua amizade com o sultão. Mas dessa vez a missão não seria bem-sucedida e Smith retornaria à Inglaterra em 1807. A partir daí a história de Smith se aproximaria da nossa e seria ele o indicado a comandar a expedição que iria acompanhar a Família Real portuguesa que, pressionada por Napoleão, partia para o Brasil. Tratava-se de um comandante ousado, com grande autonomia e acostumado a combater com exércitos franceses. Era, assim, o comandante "da vez".

Como se pode notar, nossas histórias acabam por se encontrar, e, se Smith não estava acostumado a cruzar o oceano acompanhado de realezas, também não era um marinheiro qualquer. Sua fama e uma certa audácia, combinadas a uma personalidade complexa, fariam dele o nosso guardião mais seguro. Mas também, a essas alturas, d. João não possuía outras cartas na manga.

O relato de O'Neil

Escrito em 1810, esse relato "conciso", como seu autor quis anunciar já no título, procura manter o frescor dos testemunhos que guardam os sentimentos à flor da pele. Tenente da esquadra que trouxe o príncipe d. João e sua família à distante colônia brasileira da América, o irlandês Thomas O'Neil constrói seu texto de maneira dramática, tendo sempre dois objetivos expressamente detalhados: elevar o caráter heróico do feito britânico e o próprio caráter dos ingleses, assim como denunciar o perfil vil e as atrocidades dos franceses. O tenente, que dá partida a seu relato de sua situação testemunhal — estaria em um dos navios da esquadra inglesa que acompanharam a Família Real —, juntou o que seriam suas próprias lembranças à descrição feita a ele por um oficial a serviço de d. João, e disso resulta a obra que agora temos em mãos.[35]

No entanto, e ao que tudo indica, O'Neil mais costurou relatos verídicos, uma vez que teria sido transferido, em 29 de novembro, do *London* para o *Solebay*, assim como teria tomado parte da tentativa frustrada de tomar o forte de Bugio. Devido a esses descaminhos, O'Neil só partiu para o Brasil em 12 de janeiro de 1808, chegando à colônia americana dos portugueses no dia 29 de fevereiro de 1808, muito depois, portanto, da chegada da Família Real. Ou seja, O'Neil nem acompanhou o príncipe nem desembarcou em Salvador; veio direto para o Rio de Janeiro. Além do mais, a versão dos eventos descritos pelo

---

[35] Agradeço ao historiador Kenneth Light por essas informações sobre O'Neil e seu relato ficcional.

oficial, se bem que interessantes, são muitas vezes pouco confiáveis. Por exemplo, O'Neil afirma que existiriam a bordo do *Príncipe Real* 412 pessoas, enquanto o capitão do *Bedford* indicava 1.052, sendo apenas 104 passageiros. O'Neil também descreve que, em 28 de novembro, o general francês Junot teria ido a bordo do *Príncipe Real,* num claro desencontro de datas, uma vez que está bem registrado como Junot teria entrado em Lisboa apenas na manhã do dia 30 de novembro.

De toda maneira, ainda que muitas vezes "ficcional" e evidentemente exagerado, o relato não deixa de passar uma idéia do ambiente naqueles dias, quando o "pânico e o desespero tomaram conta da população e muitos homens, mulheres e crianças tentaram embarcar nas galeotas até algum navio". Foi o irlandês quem registrou que "muitas senhoras de distinção meteram-se na água, na esperança de alcançar algum bote, pagando algumas com a própria vida".[36] O próprio título do livro já dá uma idéia do "estilo" de seu autor, que destaca não só o seu compromisso com uma certa "verdade acurada" e com a "autenticidade dos fatos", como chama a atenção para o "sofrimento" da tripulação durante sua travessia. Por sinal, na interpretação de O'Neil, tratava-se mesmo de uma "fuga" e não de um traslado, uma vez que o autor se refere ao evento como *"the escape of the Royal Family"*, assim como menciona, ainda no título, que tratará dos sofri-

---

[36] O'NEIL, Thomas. A concise and accurate account of the proceedings of the squadron under the command of the rear admiral Sir Sidney Smith, K. S. & C. in effecting the escape of the Royal Family of Portugal to the Brazils, on November, 29, 1807; and also the sufferings of the Royal Fugitives during their Voyage from Lisbon to Rio de Janeiro: with other interesting and authentic facts. By Lieut. Count Thomas O'Neil. London, 1810.

mentos dos *"Royal Fugitives"*. Não se sabe se o marinheiro pretendia engrandecer seu documento ou apenas comprovar o que, efetivamente, julgava ocorrer. O fato é que, seguindo suas lentes, não há como discutir: estamos diante de uma bela e inusitada fuga real.

O texto é, assim, exaltado e eleva o tom de um episódio já por si suficientemente dramático. Afinal, se o traslado da Família Real para essa colônia pairava como uma possibilidade acalentada havia tempo, e ventilada nos momentos em que a realeza portuguesa se sentia ameaçada em sua soberania, a realidade só tomou forma dessa vez. Já em 1580, quando a Espanha invadiu Portugal, o pretendente ao trono português, o prior do Crato, foi aconselhado a embarcar para o Brasil. Também o padre Vieira apontou o Brasil como refúgio natural e ideal para d. João IV — "ali lhe assinaria o lugar para um palácio que gozasse, ao mesmo tempo, as quatro estações do ano, fazendo nele o quinto Império (...)". Em 1738, no reinado de d. João V, o conselho veio de d. Luís da Cunha, que via na mudança possibilidades de um melhor equilíbrio entre a metrópole e a colônia, então abarrotada de ouro. Em 1762, temendo uma invasão franco-espanhola, Pombal fez com que o rei d. José tomasse "as medidas necessárias para a sua passagem para o Brasil, e defronte do seu Real Palácio se viram por muito tempo ancoradas as naus destinadas a conduzir com segurança um magnânimo soberano para outra parte de seu Império (...)".[37]

Não é, pois, de estranhar que, no meio da convulsão européia, os políticos que rodeavam o príncipe d. João trou-

---

[37] Relato de d. Rodrigo de Sousa Coutinho, conde de Linhares. BN, Mss, II 30, 35, 60.

xessem à tona a velha idéia. E o plano era mais complexo do que se podia imaginar. Afinal, seguiriam viagem, junto com a Família Real, não apenas alguns poucos funcionários selecionados, já em relativa prontidão e expectativa, mas outras inúmeras famílias — as dos conselheiros e ministros de Estado, da nobreza, da Corte e dos servidores da Casa Real. Não eram, porém, indivíduos isolados que fugiam, carregando seus objetos pessoais, indecisões e receios. Era, sim, a sede do Estado português que mudava temporariamente de endereço, com seu aparelho administrativo e burocrático, seu tesouro, suas repartições, secretarias, tribunais, seus arquivos e funcionários — e os ingleses se davam conta do tamanho da empreitada. Seguiam junto com a rainha e o príncipe regente tudo e todos que representassem a monarquia: as personagens, os paramentos necessários para os costumeiros rituais da Corte e cerimoniais religiosos, as instituições, o Erário... Enfim, o arsenal necessário para sustentar e dar continuidade à dinastia e aos negócios do governo de Portugal.

Não à toa, O'Neil desenha o caos que se instala no porto de Belém: de um momento a outro, acorreram milhares de pessoas, com suas bagagens e caixotes, isso sem esquecer da burocracia do Estado e das riquezas que viajavam junto com o rei. Nas praias e cais do Tejo, até Belém, espalhavam-se pacotes e baús largados na última hora.[38]

---

[38]Exposição analítica e justificativa da conduta e vida pública do visconde de Rio Seco, desde o dia 25 de novembro de 1807, em que S. M. Fidelíssima o incumbiu dos arranjamentos necessários de sua retirada para o Rio de Janeiro até o dia 15 de setembro de 1821, em cujo ano demitira todos os lugares e empregos de responsabilidade de fazenda com permissão de S.A.R. o regente do Brasil, concedida por decreto de 27 de agosto do presente ano. Rio de Janeiro: Imprensa Nacional, 1821:3 e 4.

Diz O'Neil que a cena era confusa e aflitiva, havia milhares de homens, mulheres e crianças no cais, esperando para escapar a bordo. E acrescenta, em tons extremados e o texto grifado: "*Muitas senhoras distintas entraram na água* na esperança de alcançar os botes, mas algumas, desgraçadamente, morreram na tentativa; e, do dia 25 até o início do dia 28, não menos de dez mil pessoas estavam constantemente na praia empenhadas em fugir."
As demais descrições de época sobre o embarque de d. João são, em geral, tão veementes como contraditórias, e o leitor verá que O'Neil também oscila. Mas temos tempo de passar a limpo algumas dessas interpretações antes de chegar à do tenente. Numa das versões, o príncipe teria adentrado o cais vestido de mulher; em outra teria partido durante a noite a fim de evitar maior reação popular. Em outra, ainda, entrara no porto acompanhado apenas por seu sobrinho, e ninguém o aguardava. Dois cabos de polícia que estavam ali por acaso, ajudados por gente do povo e debaixo de forte chuva, colocaram algumas tábuas sobre a lama para que pudessem caminhar até o coche e de lá tirar d. João, que foi acomodado na galeota que o conduziria ao navio *Príncipe Real,* atracado na barra do Tejo. Outros testemunhos, ainda, insistem na insensatez do embarque, ridicularizando a atitude da família com a única frase lúcida emitida pela rainha, a essas alturas demente: "Não corram tanto ou pensarão que estamos fugindo." Não é o caso de multiplicar as narrativas desse momento, carregadas de adjetivações e de muita imaginação. No entanto, em tempos de rachadura do absolutismo, a representação parecia anunciar o fim de uma era. Não por coincidência, O'Neil dá todas as honras aos

ingleses e reserva aos portugueses o lugar de quem aceita se deixar levar.

O dia 29 de novembro amanheceu claro e a esquadra saiu do Tejo, alcançando o mar. Nas portas do oceano, os navios ingleses estavam de prontidão, e o encontro das frotas foi anunciado, reciprocamente, por uma salva de 21 tiros, como que a selar o pacto pacientemente aguardado pela Grã-Bretanha. Enquanto isso, o almirante inglês Sidney Smith destacou as quatro naus que acompanhariam a esquadra portuguesa até o Rio de Janeiro. Em seguida, foi a bordo do *Príncipe Real* cumprimentar o regente e recebeu, do vice-almirante português, a lista das 15 embarcações que compunham a real esquadra: oito naus de linha, quatro fragatas, dois brigues e uma escuna. Esse número varia nos registros das testemunhas e também em estudos posteriores, mas a diferença não altera a visão de conjunto.[39]

O fato é que, além da frota real, havia número expressivo de navios mercantes particulares que saíram em seu rastro — seriam cerca de trinta. Mas podem ter sido muitos mais: o navio inglês *Hibernia* avistou 56 navios ao anoitecer do primeiro dia de viagem; o próprio comandante Smith mal fez as contas, o que ele via era, segundo o relato de nosso tenente, "uma multidão de grandes navios mercantes armados". De todo modo, a esquadra real compunha uma respeitável unidade de combate: os oito navios de guerra eram equipados com baterias de canhões que

---

[39] Um manuscrito existente na Biblioteca Nacional relaciona nominalmente 15 naus, de diferentes portes (Mss, I 31, 30, 63); Varnhagen se baseou nele. Já outro, da coleção do conde de Linhares, com data do próprio dia 29, fala em 18 embarcações: oito navios de guerra, quatro fragatas e mais seis navios de guerra pequenos. (Mss, I 29, 20, 1- doc.7). Rossi (1808) diz que eram 17 navios de guerra. O'Neil (1810) fala em 15.

variavam entre 64 e 84 peças. As fragatas estavam armadas, cada uma com 32 ou 44 canhões, os brigues tinham 22 peças cada um, e a charrua, que transportava mantimentos, 26 canhões.

A Família Real — dona Maria, o príncipe regente e sua mulher, seus oito filhos, a irmã da rainha e a viúva do irmão mais velho de d. João e um sobrinho espanhol de Carlota Joaquina — foi distribuída pelos navios de maior calibre. No *Príncipe Real* estavam a rainha dona Maria, com 73 anos, o príncipe regente d. João, com seus quarenta anos, o príncipe da Beira, infante d. Pedro, nove anos, seu irmão, infante d. Miguel, com cinco anos, e o sobrinho d. Pedro Carlos. No *Afonso de Albuquerque* iam a princesa, a mulher do regente, dona Carlota Joaquina, de 32 anos, com suas filhas, a princesa da Beira, Maria Teresa, de 14 anos, e as infantas Maria Isabel, Maria d'Assumpção e Anna de Jesus Maria, de dez, dois e um ano, respectivamente. No *Rainha de Portugal* viajavam a viúva do irmão mais velho do regente, dona Maria Benedita, com 61 anos, a irmã da rainha, dona Maria Ana, de 71, e ainda as outras filhas de d. João e Carlota Joaquina, as infantas Maria Francisca de Assis e Isabel Maria, de sete e seis anos.

Há muitas dúvidas sobre o número de embarcados. O secretário do bispo Caleppi avaliou que dez mil pessoas faziam parte da esquadra real. Já Pereira da Silva incluiu em seus cálculos os muitos negociantes e proprietários que haviam fretado navios para seguir a esquadra e não demonstrou dúvidas: "Cerca de 15 mil pessoas de todos os sexos e idades abandonaram neste dia as terras de Portugal." Uma minuciosa listagem relaciona, nominalmente, cerca de 536 passageiros — nobres, ministros de Estado, conselheiros e oficiais maiores e menores, médicos, padres, desembargadores. Isso sem contar os termos imprecisos que surgiam ao lado do nome dos passageiros, tais como: "visconde de Barbacena com sua família"; "o conde de Belmonte, sua mulher e o conde seu filho com criados e criadas"; "José Egídio Alves de Almeida com sua mulher e família"; "e mais sessenta pessoas, entre homens e mulheres, sem contar as famílias que os acompanhavam" ou mesmo o indefinido "e outros".[40] Apenas a ucharia empregava 23 "moços", e cada um deles vinha acompanhado de sua família, o mesmo se dando com os 14 moços da cozinha real. Um outro documento, redigido ao calor da hora, pretendia registrar todos os passageiros, mas depois de relacionar alguns dos mais conhecidos nomes da nobreza, a escrita foi encerrada bruscamente com uma informação taxativa: "e mais cinco mil pessoas".[41] E se levarmos em conta a tripulação dos navios mercantes, a figura será ainda outra, pois o número de marinheiros e oficiais era elevado. O próprio O'Neil, atrapalhado pela quantidade de acontecimentos, oscila entre 16 e 18 mil tripulantes.

O que importa é que a viagem correria bem, apesar da pouca provisão, relatada pelo tenente, e pela acomodação ruim. Esse era o drama da nau *Minerva*, que não havia sido preparada com antecedência e apresentou problemas na hora de embarcar. Conta o capitão que, até o dia 26 de novembro, essa fragata esteve "de banda por não ser

---

[40]Relação das pessoas que saíram desta cidade para o Brasil, em Companhia de S.A.R, no dia 29 de novembro de 1807. Lisboa, 29 de novembro de 1807. 15fls. IHGB, lata 490, pasta 29.
[41]Papéis particulares do conde de Linhares. BN, Mss, I 29, 20, 1, doc. 7.

possível aprontar-se". Apesar de só ter a bordo "algum biscoito e aguada" e das "tristes circunstâncias em que se achava o Real Arsenal da Marinha, pela confusão e falta de expediente em as diferentes repartições", o capitão não perdeu tempo para atender ao príncipe e partir no dia 29. Quando atracou na Bahia, em 10 de janeiro de 1808, a *Minerva* estava a zero.[42]

A viagem não seria fácil, ainda que não se tenha notícia de acidentes graves ou de algum óbito. Famílias desmembradas e alojadas em diferentes navios, bagagens desviadas ou largadas no cais, racionamento de comida e água, excesso de passageiros e falta de higiene (que obrigou as mulheres a cortar os cabelos para evitar a ação dos piolhos) foram alguns dos problemas descritos nesse diário. Para complicar, uma tormenta armou-se logo no início da jornada e outra em meados de dezembro, lá pela altura da ilha da Madeira, provocando a dispersão de alguns navios e uma mudança de planos: apesar de parte da frota já ter tomado a direção do Rio de Janeiro, o *Príncipe Real* e as embarcações que o acompanhavam alteraram o rumo, na direção da Bahia. Excluindo esses momentos mais difíceis, a viagem correu tranquila, para orgulho de nosso tenente. Depois de 54 dias no mar, em 22 de janeiro de 1808, o *Príncipe Real* atracou em Salvador — onde se quedaria por um mês, seguindo depois para o Rio de Janeiro. Atrás dele e aos poucos, foram chegando os outros navios. A situação era inesperada, mas a história não é mesmo um exercício do certo.

---

[42]"Rodrigo José Ferreira Lobo, capitão-de-mar-e-guerra comandante — Bordo da fragata *Minerva*, 31 de janeiro de 1808." *Papéis relativos à vinda da Família Real.* Biblioteca Nacional de Lisboa, 1808: 19 e 21.

Voltemos ainda uma vez ao nosso relato. A travessia levou dois meses, e o nosso O'Neil disse ter contado com o "bom caráter dos portugueses e dos nativos brasileiros", e a "benevolência e agilidade dos ingleses", sempre fartamente enaltecidos por ele. O autor do texto também se preocupa em destacar a "realidade e veracidade" de seu testemunho. Tudo se passa como se a viagem e sua lembrança iluminassem a cena e dessem real densidade a seus atores. De um lado da contenda estaria o "demoníaco" Napoleão (que pretenderia "escravizar a Europa inteira"); de outro a "sapiência dos britânicos". Em uma ponta, "os vis e hipócritas franceses"; de outro, "os visionários representantes da Coroa inglesa". Os portugueses, em meio a esse cenário incerto, ocupariam o lugar de meros coadjuvantes que rumavam de um lado para outro do continente, assim como oscilavam entre as duas potências. Distante da imagem do príncipe que manipula lealdades, conforme descrevemos anteriormente, nesse caso, aparece só a passividade lusitana: "mais uma vítima das ambições desenfreadas do corsário francês".

O relato segue a agenda de fatos que descrevemos previamente, assim como mostra a pressa da partida, diante das tropas de Napoleão, ainda descrito como "um Lúcifer na terra". O'Neil capricha no desenho das cenas da fuga, eleva a eminência da chegada das tropas de Junot, inflaciona os problemas a bordo e alguns descaminhos... tudo para enaltecer a chegada "segura" à Bahia e finalmente ao Rio de Janeiro.

O'Neil não economiza adjetivos detratores para falar de Napoleão, e, quanto mais o diário segue, mais somos convidados a admirar a bravura dos ingleses. A estes, o tenente dedica o feito de terem preservado a coroa dos portugueses e de terem estabelecido um reino na América. Essa é, assim, uma história inglesa da sina de Portugal, e nela não há espaço para a manipulação de Napoleão. Até a famosa política de neutralidade do príncipe, no relato indireto do oficial, cai por terra, uma vez que d. João vira apenas uma espécie de súdito inglês. Enfim, são histórias contra histórias, e nesse enredo a Inglaterra representa a liberdade, e a França, a tirania. Já Portugal é um exemplo do destino feliz daqueles que optaram pelo lado inglês.

O Pão de Açúcar daria as boas-vindas a essa tripulação e a seu comandante acostumado a tantas guerras e batalhas. Por outro lado, os ares dos trópicos fariam bem aos nossos marinheiros ingleses, encantados com o clima, as árvores, as frutas e as gentes do local. O marinheiro vai se deixando ficar, maravilhado por tudo e todos, como se o Brasil redimisse uma vida de tantas bravatas.

Mas é hora de deixar o leitor bem acompanhado por esse diário de viagem. O relato não será com certeza imparcial, visto que estamos lendo a história com lentes inglesas. No entanto, nesse ambiente de guerra (ou em qualquer um), a idéia de neutralidade é a ingenuidade dos parvos.

O'Neil deixa seu leitor já no clima dos trópicos e parece voltar para a Inglaterra ou para sua vida no mar. A partir daí, pouco se conhece da vida desse marinheiro irlandês. Quem fica no Brasil é d. João, que parece ter gostado de permanecer nos trópicos. Aí estava o começo de uma história que daria em outra. O Brasil seria elevado a Reino Unido, e, por aqui, o príncipe passaria a dar ordens para todo o Império. Finalmente em terra firme.

PARA SUAS ALTEZAS REAIS

os

DUQUES DE CLARENCE & KENT

Possa isto agradar a Vossas Altezas

Com o mais profundo sentimento de respeitosa deferência, peço licença para expressar minha gratidão por sua ilustre proteção em várias ocasiões; e particularmente pela honra que me foi conferida quando publiquei a "Narrativa de minha prisão na França".

Não tenho a menor dúvida de que os sofrimentos por que passei lá, juntamente com muitos súditos de Sua Majestade, convenceram os habitantes do Reino Unido das atrocidades cometidas pelo governo francês e do interesse que Vossas Altezas têm, no fundo do coração, pelos assuntos de seu amado soberano, devido à indulgente proteção que me concederam.

Sua aprovação da pequena obra, que teve a honra de sair impressa graças a seu beneficente patrocínio, requer e obtém meu mais caloroso reconhecimento. Tal condescendência de Vossas Altezas e de meus nobres subscritores será sempre lembrada com sincero respeito e com os profundos sentimentos de gratidão pelo mais devedor, obediente, devoto e humilde servo de Vossas Altezas,

Thomas O'Neil,
Tenente dos Reais Fuzileiros.

NOTIFICAÇÃO

O objetivo desta pequena obra é relatar resumidamente ao público todas as ocorrências ligadas à emigração da Família Real de Portugal para o Brasil e dar notícia sucinta das observações que o autor teve a possibilidade de fazer sobre os costumes e as maneiras dos atenciosos brasileiros, durante a estada de 16 meses no Rio de Janeiro.

Desde que embarcou a serviço de seu país, o autor fez sempre anotações diárias dos acontecimentos; e, tendo servido como primeiro-tenente dos fuzileiros a bordo do *London*, que levava a bandeira do almirante-de-esquadra *sir* Sidney Smith, ele tinha motivos para crer que a esquadra estava destinada a um empreendimento particularmente importante, com muitos acontecimentos dignos de registro. Neste relato, ele sempre se preocupou em obter informações corretas sobre os fatos políticos precedentes e anotar com exatidão qualquer circunstância que chegasse à sua observação pessoal.

O autor aproveita esta oportunidade para expressar seus sinceros e profundos agradecimentos a Suas Altezas Reais, tão ilustres, e aos bondosos subscritores, por sua proteção humanitária; e espera que considerem a presente obra depositório de muitos fatos importantes que, até hoje, não tinham sido dados a público.

UM RELATO

&c. &c.

Antes de dar início a meu diário de bordo, quero declarar brevemente que era bem sabido na Inglaterra, pelos ministros de Sua Majestade, que Sua Alteza Real o príncipe regente de Portugal e sua augusta Casa estavam em perigo de ser condenados à escravidão — com a qual já foi agrilhoada grande parte da Europa — devido ao brutal e implacável espírito de domínio que tomou conta da mente demoníaca do arquiinimigo do mundo, Bonaparte. Na verdade, pelos despachos enviados por lorde Strangford, diplomata britânico em Lisboa, e por relatos particulares dos mais verídicos, tornou-se evidente que o usurpador inescrupuloso realizaria suas nefandas intenções se não fosse impedido pela pronta assistência do governo britânico. Este, sempre ansioso por minorar sofrimentos, mesmo de estrangeiros, e por causa do sagrado princípio de liberdade com responsabilidade, que ele aprecia e venera, foi incentivado, mais particularmente neste caso, a socorrer seu antigo e fiel aliado, que estava em vias de ser aniquilado pela recusa a se vincular à causa da vilania hipócrita e a romper os laços de paz e amizade estabelecidos há tanto tempo com o Reino Unido, originalmente baseados nos mais sólidos princípios de sabedoria política e desde então comprovados e concretizados por atos mútuos de fidelidade e honra.

Ciente de sua situação arriscada e do alarmante estado de incerteza em que se mantinham seus súditos num momento em que o destino de qualquer país nunca esteve em tão grande perigo, o príncipe regente foi compelido a negociar uma precária promessa do adiamento da invasão, a fim de obter uma prorrogação da destruição que no fim era aguardada. Mas foi vã a tentativa de um compromisso por parte do pérfido corso que, realmente, ao receber a soma estipulada, ordenou a suas tropas que tomassem posse, pela força, do zeloso reino; e que, se não tivessem êxito na cilada para reduzir a Família Real à escravidão, de qualquer modo a massacrassem na capital. Isso fez com que o príncipe, em setembro de 1807, deixasse seus domínios na Europa e removesse para o Brasil sua mãe, idosa e aflita, sua real consorte, sua ilustre prole e os restantes membros de sua família, assim como todos os súditos leais que voluntariamente decidiram acompanhá-los. Mas, não estando o príncipe completamente preparado para embarcar, foi obrigado a contemporizar e induzido, no dia 8 de novembro, a assinar uma ordem para a detenção dos súditos britânicos, parte de seus bens permanecendo em Lisboa. Tendo sido publicada essa ordem, lorde Strangford ordenou que o escudo da Inglaterra fosse retirado de seu palácio e lançou um protesto decisivo contra aquela conduta.

Tendo chegado previamente a Londres as notícias das intenções secretas do príncipe, os ministros de Sua Majestade se prepararam para agir conforme as circunstâncias exigissem; e os lordes comissionados do almirantado indicaram o almirante-de-esquadra *sir* William Sidney Smith para assumir o comando dos navios e vasos de guerra abaixo mencionados, que estavam então ancorados na baía de Cawsand:

O *London* (levando a
bandeira do almirante) capitão Westeren
Marlborough .... capitão Graham Moore
Elizabeth .... honorável capitão Curzon
Bedford .... capitão Walker
e também
Monarch .... capitão Lee
O *Confiance* se uniu à esquadra ao largo do cabo Finisterre.

Essa esquadra zarpou às 11 horas da manhã de 11 de novembro de 1807, sem que qualquer oficial tivesse a menor idéia de seu destino, um sistema de sigilo nunca antes observado e que, quando firmemente mantido, não pôde deixar de produzir bons resultados. Uma leve brisa soprou, transportando a esquadra pelo canal. Vimos várias velas ao largo da ponta Lizard, de onde rumamos para o cabo Finisterre; e, após nos comunicarmos com dois navios de Sua Majestade que estavam parados ao largo do cabo, nos despedimos e seguimos, tendo visto as rochas Burling [Berlengas] a 13 de novembro.

Às oito horas da noite, a esquadra parou ao largo das terras altas de Lisboa e, depois de ficar algumas horas ao largo da foz do Tejo, zarpou às dez horas na manhã de 14 de novembro; e o almirante foi informado, pela tripulação de alguns barcos pesqueiros, que os portos de Portugal estavam fechados para naus e vasos de guerra de Sua Majestade britânica. Tal circunstância causou grande surpresa ao almirante, e *só* então, pela primeira vez, os oficiais fizeram alguma idéia de sua destinação.

Os sentimentos que essa medida produziu em *sir* Sidney Smith podem ser mais facilmente imaginados que descritos. A situação de Portugal era então singularmente crítica; seu soberano, como foi observado, estava a ponto de ser incluído no número de monarcas já cativos, os quais o devastador de impérios havia insidiosamente aprisionado; e, estando seus portos fechados à Grã-Bretanha, isso efetivamente impedia qualquer comunicação com a única potência que poderia servi-lo e que havia sido unanimemente considerada como amiga constante e protetora fiel da Casa de Bragança, sentimento recíproco vivido por Sua Alteza Real.

Dia 15 de novembro. Um vento forte soprou por vários dias diretamente para dentro do porto de Lisboa, sem mudar de quadrante, exceto por poucas horas no rumo leste, *o que propiciou aos fugitivos reais uma oportunidade de escapar das ciladas que Napoleão armou para eles tão engenhosamente:* na manhã do dia 15, o almirante recebeu a bordo um piloto português e fez sinal à chalupa de guerra *Confiance* para que se aproximasse. Seu comandante, capitão Yeo, veio a bordo e, tendo recebido do comandante-em-chefe despachos para lorde Strangford, zarpou pelo Tejo levando uma bandeira de trégua; em conseqüência disso, tendo Sua Excelência pedido e recebido seus passaportes, ele embarcou com o capitão Yeo e se uniu à frota britânica. Ao se comunicar com o almirante, foi julgado conveniente estabelecer o mais rigoroso bloqueio na foz do Tejo. Sendo isso executado, a idéia posterior aconselhável foi de que Sua Excelência propusesse ao governo português, como condição única para a suspensão do bloqueio, ou a rendição da frota portuguesa a Sua Majestade, ou seu uso imediato para o transporte do príncipe regente e de sua família para o Brasil, já que o primeiro objetivo do momento era salvar a Casa de Bragança do fraternal amplexo da França.

Concordando com isso, Sua Excelência requereu uma audiência do príncipe, com garantia de proteção. Sendo esta imediatamente concedida, ele seguiu para Lisboa com bandeira de trégua e assim convenceu Sua Alteza Real de que todas as suas esperanças pareciam estar centralizadas na proteção da frota britânica, sendo sua única apreensão a invasão do Exército francês.

Para corroborar essa decisão, foi garantido a Sua Alteza Real que a esquadra inglesa lhe daria escolta de Lisboa até o Brasil; e, conseqüentemente, o príncipe regente fez uma proclamação à nação portuguesa, anunciando sua intenção de seguir para o Rio de Janeiro e nomeando uma regência para o período de sua ausência.

Na manhã do dia 19, juntou-se à esquadra a nau *Hibernia*, de Sua Majestade; e no dia 22, o almirante transferiu para ela sua bandeira; no dia 21, porém, foram recebidas novas notícias, asseverando que as tropas francesas estavam marchando rapidamente para Lisboa, e que os comandantes das diferentes províncias não só pediram armas e munições ao primeiro-ministro, mas até mesmo escreveram a Sua Alteza Real o príncipe regente, notificando-o do iminente perigo que ameaçava a ele, sua família e o país. Contudo, por circunstâncias que facilmente ocorrem, por um início de traição existente em seus conselhos, tais notificações nunca chegaram aos ouvidos reais (o que evidentemente era o que se pretendia), e ele esteve perto de se tornar vítima da ambição do inescrupuloso Napoleão, cujas maquinações tinham influenciado o principal ministro de Sua Alteza Real.

Uma notícia como essa exigia e obteve a mais rápida decisão. Assim, no dia 22, tendo sido feito um sinal para o *Confiance*, o capitão Yeo recebeu os despachos para Sua Alteza Real, que estava com sua família numa propriedade rural chamada Mafra, a algumas milhas de Lisboa. Assim que os despachos chegaram em terra, foram anunciados por telégrafo e imediatamente encaminhados pelo tenente Smith, da Marinha Real.

As situações que se seguiram me foram comunicadas por um camareiro real, que estava presente quando o príncipe regente recebeu os despachos. Ele perguntou de onde e de quem provinham. Sendo respondido "do almirante britânico, *sir* Sidney Smith", ele se retirou e, sozinho, leu-os com atenção. Poucos minutos depois, voltou e convocou sua esposa e família, a quem se dirigiu dizendo o seguinte: "Fomos enganados, fomos realmente traídos; as tropas francesas estão a caminho de Lisboa. Cuide da rainha, minha amada mãe, e você e suas filhas sigam-me sem perda de tempo."

As notícias se espalharam instantaneamente pelo palácio, onde reinaram então grande confusão e extrema angústia. Todas as pessoas, de todas as classes e de todo tipo, estavam avidamente ansiosas por salvar a si mesmas e a seus bens. O príncipe regente e seus filhos foram imediatamente para Lisboa. Sua Majestade a rainha, a princesa do Brasil, a princesa viúva e as princesas mais jovens fizeram todos os preparativos para a partida; e, em menos de cinco horas, setecentos carros, carregados com seus pertences, estavam a caminho da capital.

Ao chegar com seus filhos a Lisboa, Sua Alteza Real convocou imediatamente um conselho, quando então declarou que ele, sua família e seu país tinham sido traídos e que as tropas francesas estavam a quatro dias da capital.

Essa notícia foi imediatamente comunicada aos habitantes de Lisboa, causando um alarme e uma aflição impossíveis de descrever.

No dia 23, às cinco da tarde, foram transmitidas ordens para que a esquadra de Sua Alteza Real estivesse pronta para zarpar a qualquer momento, ou pelo menos assim que as circunstâncias permitissem. Ao mesmo tempo, foi convocado um segundo conselho de Estado, quando foi descoberto que tinham sido interceptadas todas as comunicações e cartas, dirigidas das fronteiras e das províncias ao príncipe regente e ao governo, as quais transmitiam notícias de que o reino de Portugal fora realmente invadido pelo Exército francês. Ficou demonstrado claramente que a intenção era permitir que os invasores franceses se apoderassem da capital e da ilustre Família Real.

Com essa descoberta, Sua Alteza Real emitiu ordens para que todas as pessoas válidas fossem embarcadas no *Príncipe Real*. Seguiu-se uma cena angustiante, com sentimentos que um coração generoso consegue apenas imaginar. Mulheres do mais distinto e régio nascimento, criadas no seio da nobreza e da abundância, educadas nos princípios mais refinados de honra, acostumadas a pensar em sua religião com adoração entusiástica e a venerar com sagrado respeito seus sacerdotes; mulheres que, a um mero olhar, se retraem com embaraço — muitas já trôpegas devido à fraqueza da idade, outras jovens demais para expressar seus sofrimentos, e algumas perto de imergir sob a pressão dos anos! —, tais mulheres, compelidas a se defrontar com o frio de novembro e com tempestades em mares desconhecidos, a se expor ao céu inclemente, privadas de todas as delicadezas e da maioria das coisas necessárias à vida, sem uma muda de roupa ou mesmo cama em que deitar — forçadas a se misturar promiscuamente a bordo de uma embarcação totalmente despreparada para recebê-las, a abandonar sua terra natal, tornada ainda mais cara por um selvagem sem controle, e nunca mais voltar a vê-la —; forçadas a deixar para trás subitamente os laços do amor inocente e puro, a romper em pedaços as fortes amarras da consangüinidade e de amizades formadas nos verdes anos, ou então a enfrentar os excessos brutais da soldadesca enfurecida, liderada por Junot, o implacável comandante, em quem qualquer traço de humanidade (se fosse essa a sua natureza) seria punido com a morte por seu impiedoso chefe. Ó Bonaparte, infame símbolo de Lúcifer, que resposta tens a dar?

 A Família Real, em sua totalidade, chegou naquela noite a Lisboa, e todos os preparativos da partida para o Brasil foram feitos. Um terceiro conselho foi convocado, em que Sua Alteza Real declarou sua determinação de embarcar e (se a Providência permitisse) de se colocar sob a proteção da bandeira britânica. Ele acrescentou que quem estivesse disposto a acompanhá-lo e a partilhar o revés de sua fortuna tinha sua real permissão; mas, para aqueles que ficavam, suas ordens eram de não resistir à França. Ele achava que, na verdade, era tarde demais para uma resistência, mas acreditava que, quando se oferecesse oportunidade, seus fiéis súditos vingariam a causa da pátria; e, embora ele mesmo e sua família fossem obrigados a fugir para se salvar, seu coração estaria sempre amorosamente voltado para os interesses de seu povo.

A declaração real causou uma tal impressão de tristeza e angústia que seria impossível descrevê-la. Todas as classes ficaram ansiosas por partilhar a sorte de seu soberano e fugir ao bárbaro tratamento que eles não podiam senão esperar do pérfido francês.

As circunstâncias que se seguiram me foram relatadas por um oficial a serviço de Sua Alteza Real, um cavalheiro em cuja veracidade eu posso ter a mais absoluta confiança. Ele observou uma cena terrível de confusão e aflição tomando conta de todas as classes assim que se tornou conhecida a intenção do príncipe de embarcar para o Brasil: milhares de homens, mulheres e crianças estavam constantemente na praia, empenhando-se por escapar a bordo. *Muitas senhoras distintas entraram na água* na esperança de alcançar os botes, mas algumas, desgraçadamente, morreram na tentativa; e, do dia 25 até o início do dia 28, não menos de dez mil pessoas estavam constantemente na praia, empenhadas em fugir. Por fim, todos os vasos de guerra ficaram tão lotados, que os oficiais foram obrigados a recusar sua entrada, embora com profunda pena.

Ele notou que predominavam então cenas de angústia e de reviravoltas da sorte: numerosas senhoras de alta classe, que dias antes viviam com extremo esplendor e abundância, estavam agora reduzidas à maior penúria, tendo desistido de tudo para seguir seu amado príncipe. Muitas das mulheres que realmente embarcaram estavam totalmente desprovidas de qualquer muda de roupa e tinham de fazer uma viagem de cinco mil milhas a bordo de naus, cujos oficiais só lhes haviam dado três dias para se prepararem. E o que aumentava seu terror ao infinito era que elas esperavam que os franceses chegassem a qualquer momento e as levassem como prisioneiras.

A frota portuguesa compunha-se de

	canhões
Príncipe Real	84
Railma [*Rainha*[1]] *de Portugal*	74
Conde Henrique [*Conde Dom Henrique*]	74
Medusa	74
Afonso de Alburique [*Albuquerque*]	64
Dom José [*João*] *de Castro, Príncipe do Brasil*	74
Martin [*Martim*] *de Freto* [*de Freitas*]	64
Minerva	44
Golfinho	36
Urânia	32
Ubador [*Voador*]	22
Vingonca [*Vingança*]	20
Le Bre [*Lebre*]	22
Lieuna Cimoza [*Escuna Curiosa*]	12

---

[1] As palavras entre colchetes que aparecem ao longo do texto correspondem à leitura da tradutora dos termos portugueses estropiados. (*N. da R.*)

No dia 27, toda a Família Real havia embarcado. Sua Alteza Real o príncipe regente e seus filhos estavam a bordo do *Príncipe Real*; Sua Majestade, a princesa do Brasil e as infantas estavam no *Afonso*; a princesa viúva, no *Conde Henrique*; e as senhoras mais distintas foram acomodadas em várias naus, como as circunstâncias permitiam.

Havia uma tropa de mais ou menos quatro mil soldados a bordo da frota, a qual transportava ao todo de 16 a 18 mil súditos de Portugal: todas as naus estavam superlotadas. No *Príncipe Real*, não havia menos de 412 pessoas, além da tripulação. Entre os nobres emigrantes, estavam o ministro da Marinha, almirante Almeida, e o venerável general Forbes, com a avançada idade de 75 anos, que tinha estado à frente do Exército português por muitos anos. A frota ia acompanhada por mais ou menos trinta grandes navios mercantes portugueses.

No mesmo dia em que a Corte embarcou, o general Junot alcançou a capital e trouxe notícias da chegada das tropas francesas a Santarém, ao redor de 56 milhas de Lisboa. Ele estava tremendamente desapontado e surpreso de saber que a Família Real tinha sido informada de sua próxima chegada com as tropas francesas. É impossível descrever o quanto ele ficou mortificado ao descobrir que o príncipe embarcara. Seu aprisionamento era o principal objetivo da vinda de Junot, o que teria conseguido caso o vento não tivesse favorecido providencialmente a partida da frota pelo Tejo.

Com a usual arrogância do republicanismo francês, Junot exigiu uma audiência com o regente. Ela foi concedida, com a condição de que alguns fidalgos estivessem presentes, um dos quais, seria injusto não mencionar, sendo ele uma honra para sua pátria e um fiel amigo na nação britânica: don Roderico de Sousa Courtinho [dom Rodrigo de Sousa Coutinho], então ministro da Guerra e dos Negócios Exteriores nos Domínios de Além-mar; embora havia tempo eu tivesse ouvido falar nele, verifiquei, por contato pessoal, que seu caráter correspondia a tudo o que dele se dizia, ou seja, de sua fidelidade aos interesses de seu soberano e de sua honrosa simpatia pela nação inglesa.

Às nove horas da manhã do dia 28 de novembro, o general francês veio a bordo do *Príncipe Real* e foi levado à presença de Sua Alteza Real. Com um tom de voz arrogante, perguntou por que Sua Alteza havia embarcado e quais as razões para deixar seu reino. Expressou seu pesar pela decisão de Sua Alteza Real, discorreu demoradamente sobre a grandeza da nação francesa e sobre os honrosos sentimentos que seu chefe, o imperador, tinha por Sua Alteza Real e pelo reino de Portugal; e concluiu observando que contava com uma audiência *privada* e não *pública*.

Durante a fala insolente do general, Sua Alteza Real manteve completo silêncio, mas depois disse o seguinte: "Por favor, general, já disse tudo o que tinha a dizer?"

Recebendo resposta afirmativa, Sua Alteza Real continuou assim: "Em resposta à sua pergunta sobre as razões de eu ter deixado meu reino, general, eu lhe pergunto: por que seu pérfido chefe o invade sem me dar conhecimento disso? É honrosa tal conduta? São esses os princípios de um homem honesto? Não tinha eu fechado meus portos à nação britânica a fim de manter minha neutralidade com seu chefe? Contudo, isso não bastou para o intuito e os propósitos despóticos de Napoleão. Portanto, ordeno que se retire de minha presença e que diga ao imperador francês que rejeito *sua* aliança, cuja ambição insaciável almeja a destruição do universo. Eu desprezo sua proteção, e amanhã, se a Providência me favorecer, ponho a mim, a minha família e a minha frota sob a proteção do almirante de Sua Majestade britânica, que é amigo fiel e está agora à espera de me receber. Na verdade, prefiro morrer a ouvir as promessas enganadoras de seu chefe. E se o senhor, general, refletir na missão indigna para a qual foi enviado e no caráter desonroso que é obrigado a manter, certamente pensará comigo que está fazendo o papel de um homem sem honra. Portanto, retire-se de minha presença e nunca mais se atreva a aparecer diante de mim."

Sua Alteza Real deu ordens então para que Junot deixasse a nau imediatamente e que, se ele tentasse nova abordagem, fosse afundado com o barco que o trouxesse; isso foi uma prova inegável da magnanimidade de Sua Alteza Real numa hora de perigo iminente, já que os franceses estavam, de fato, avançando no momento rapidamente para a capital, e não havia perspectiva de fuga para sua família e sua frota, se o vento continuasse soprando do mesmo quadrante.

O objetivo da missão de Junot era, claramente, não podendo intimidar Sua Alteza Real, pelo menos distraí-lo com novas propostas até que sua retirada fosse interceptada com a tomada do forte São Julião e de Caseaes [Cascais] pelas tropas francesas, que nisso se empenhavam arduamente, pois já estavam então a poucas milhas da cidade; mas, temendo gerar um alarme súbito, e, sem dúvida, com a intenção de enganar o príncipe regente, em vez de avançar diretamente para a capital, fizeram um rodeio passando por Loires [Loures], de onde pretendiam marchar em direção ao forte São Julião e a Caseaes [Cascais]. O príncipe, nesse meio-tempo, já estava no rio com os navios fundeados a um só ferro.

Providencialmente, como se fosse para fazer abortar aqueles injustos desígnios, às duas horas da madrugada do dia 29, um vento leve começou a soprar do quadrante leste na direção da embocadura do Tejo. No mesmo instante, Sua Alteza Real ordenou a seu almirante que tivesse os navios prontos para levantar ferros ao nascer do dia: ele ficou andando pelo convés durante a noite e, quando enfim amanheceu, todos os esforços foram feitos para que as naus estivessem preparadas. Sua Alteza observou que a nau onde estava deveria ser a última, e que ele seguiria atrás encorajando cada um para que se empenhasse, observando que a usurpação de Bonaparte tinha causado sua angústia, mas que agora, com a bênção da Divina Providência, ele se punha, juntamente com sua família e sua frota, sob a honrosa proteção da bandeira britânica.

Para evitar a dolorosa necessidade de recordar novamente a situação que se seguiu, penso ser preciso mencioná-la aqui, embora eu não tenha tido notícia dela até o dia 11 de dezembro, quando foi relatada na minha presença a bordo do *Solebay*, navio de Sua Majestade, por um cavalheiro português de grande respeito e inquestionavelmente veraz.

Bonaparte encarregou o general Junot de *"descartar-se da Família Real"* assim que *ela* estivesse em seu poder, dizendo que, enquanto *ela* estivesse entre os vivos, jamais *seus* objetivos se cumpririam.

Todos os detalhes desse odioso plano me foram relatados, com protestos solenes de sua veracidade; e mais, que Junot tinha dito que só o embarque impediria que seus desígnios tivessem a conseqüência desejada, e que seu chefe ficaria muito desapontado quando soubesse que suas ordens não tinham podido ser cumpridas.

Quanto à exatidão da última afirmação, nem meu informante nem eu mesmo tivemos a menor dúvida; e percebo que nenhum leitor ponderado hesita em crer nessa probabilidade, quando considera o procedimento do usurpador corso para com Suas Majestades espanholas, tanto quanto a infame conduta posterior com o desventurado ramo da Casa de Bourbon. Voltemos, contudo, ao que tive a oportunidade de observar a bordo do *London*, nau de Sua Majestade.

No dia 29, às sete horas, a manhã estava linda: uma brisa agradável soprava do quadrante leste, fazendo com que os navios portugueses deslizassem diretamente para fora do Tejo. Foi feito sinal para duas velas, o qual pouco depois foi repetido para três naus de linha, e vimos cores portuguesas. Às nove, o sinal foi repetido para seis embarcações e, às dez, para outras nove; e o *Confiance* telegrafou avisando que o estandarte real flutuava a bordo de uma delas. Foram repetidos sinais para várias embarcações de menor categoria, brigues, escunas e navios mercantes, assim como para a frota que viera de Lisboa.

Tivemos então a profunda satisfação de ver nossas esperanças e perspectivas se realizarem totalmente: toda a frota portuguesa se dispôs sob a proteção da frota de Sua Majestade, enquanto disparava uma saudação recíproca de 21 salvas, que anunciavam o encontro amigável daquelas potências que, apenas um dia antes, estavam em termos de beligerância.

Para qualquer coração, excetuando o de Bonaparte, a cena era de sublime beleza, gerando em todo espectador — menos no Exército francês que estava nas colinas — as mais vivas emoções de gratidão à Providência e por existir uma nação no mundo tão capaz quanto desejosa de proteger os oprimidos. Um espetáculo mais interessante que esse foi proporcionado pela junção das duas frotas, algo raro de se ver.

Lorde Strangford, que até então acompanhava o príncipe, foi ter com o almirante a bordo do *Hibernia*, mas voltou logo depois seguido por ele e apresentando-o ao príncipe, que o recebeu com um agrado marcante e cortês. Sua Alteza Real expressou todo o sentimento que se supõe ditado pela mais cordial gratidão e pela confiança em Sua Majestade e na nação britânica. Ele informou ao almirante que ele próprio, sua família e sua frota saíram para se pôr sob a proteção dos navios de Sua Majestade britânica, e que sua intenção era seguir para o Rio de Janeiro, confiando que parte da esquadra poderia escoltá-lo até o lugar de seu destino.

Sir Sidney respondeu a Sua Alteza Real, em nome de seu rei, dizendo que toda assistência seria dada, que a nação britânica era sua *real amiga*, e que todo o reino se teria afligido, caso o francês se apoderasse da pessoa de Sua Alteza Real.

Os vasos de guerra portugueses estavam com uma aparência deplorável, pois tiveram só três dias de preparo para a fuga: pranchas de portaló estavam ainda penduradas dos lados e, em resumo, pareciam mais destroços que vasos de guerra. A nau do comandante-em-chefe mandou então um sinal aos fuzileiros do *London* para que fossem para bordo da fragata *Solebay*, de Sua Majestade. Assim que as circunstâncias permitiram, o oficial sob cujas ordens tive a honra de servir (major Malcolm), o tenente Baynon e eu mesmo, junto com oitenta soldados, três sargentos, três cabos e dois tambores, deixamos o *London* e fomos para a fragata; e, assim que chegamos a bordo, nos foi comunicado que nossa meta era tomar posse do forte Boujai [do Bugio], situado na entrada do Tejo.

Às quatro horas, zarpamos; às seis, o vento virou para a direção original, e as duas esquadras unidas, a portuguesa e a inglesa, alcançaram o mar.

Peço permissão para arriscar um comentário: parecia que a Divina Providência tinha mudado o vento, a fim de ajudar uma nação oprimida e coroar as armas britânicas com os mais honrosos louros, pois continuou a soprar um vento forte do mesmo quadrante por mais dez dias.

Às sete da manhã do dia 30, a fragata se aproximava do forte. O vento aumentou e o mar ficou agitado, o que tornou impossível nosso desembarque. Às oito, vimos a bandeira francesa flutuando por todo o forte, e fui informado, pelo mesmo cavalheiro digno de crédito, que as tropas francesas estavam a menos de vinte milhas de Lisboa no domingo 29, quando a Família Real saiu do Tejo. Às nove, o vento aumentou ainda mais; às dez, o perigo era iminente para a fragata, e esperava-se a todo momento que ela fosse arremessada à costa, mas a Providência nos protegeu, a fragata se livrou com dificuldade e, às sete da noite, nos consideramos fora de perigo. Durante esse período, perdemos de vista as duas esquadras e só tornamos a vê-las no dia 25 de dezembro.

Na ausência delas, o *Solebay* deteve vários navios mercantes portugueses, para bordo de um dos quais (o *Olivira* [*Oliveira*], do capitão Belham) eu fui mandado com vinte fuzileiros, no dia 16 de dezembro, acompanhado pelo tenente Kirwin da Marinha Real, não tendo a fragata marinheiros para dispensar.

Arriscando a vida dos fuzileiros, chegamos a bordo e fomos na mesma hora informados de que eles estavam com as provisões esgotadas, sem pão, carne, vinho e aguardente, tendo apenas 16 galões de água e vinte quartos de arroz. O vento aumentou a tal ponto que não era mais possível nos comunicarmos com a fragata que havíamos deixado.

Éramos agora 49 pessoas a bordo, e o que havia para nossa subsistência era só o escasso mantimento citado acima. Tendo o vento aumentado, o tenente foi forçado a aproar a embarcação ao vento; ela estava em péssimas condições, e todos nós esperávamos naufragar a qualquer momento. Não vimos mais a fragata ou parte alguma da esquadra até o dia de Natal; durante esse intervalo, nosso único sustento eram três conchas de arroz cozido por dia, para cada pessoa.

No dia 25 de dezembro, de manhã, avistamos a esquadra do cesto da gávea; fizemos sinais de que estávamos em perigo, e vários canhões dispararam, mas a distância era grande demais para que nos percebessem. Durante os dias 24 e 25 nada comemos, pois o escasso estoque se havia esgotado. Às sete da manhã passamos sob a popa de um vaso de guerra britânico e nos comunicamos com ele. Um tenente dessa nau veio então a bordo, contamos a ele nosso infortúnio e imploramos alívio. O oficial voltou para seu barco e, passado algum tempo, fomos chamados pelo capitão que, *sem dar a menor atenção às nossas necessidades*, mandou que nos dirigíssemos ao almirante! Esse barco desapareceu no horizonte durante a noite, mas em honra da Marinha britânica e da nação, não citarei seu nome.

O *Olivira* [*Oliveira*] juntou-se à esquadra de manhã cedo, e o tenente Kirwin foi a bordo da nau do comandante-em-chefe. Assim que o almirante soube de nosso infortúnio, *sua* benevolência foi bem diferente da apatia do oficial anterior, e ele providenciou tudo que era necessário para nós.

Se tivéssemos tido a infelicidade de nos separar da esquadra antes de falar com o almirante, toda alma a bordo do barco português teria inevitavelmente *perecido*.

Às dez horas, o *Solebay* ficou ao alcance da voz; e, tendo o capitão Sprole sabido de nossa situação, pediu ao almirante que fôssemos imediatamente para bordo da fragata, o que foi concedido. Assim que as circunstâncias permitiram, na noite do dia 26, voltamos para a fragata e fomos informados de que o *London*, o *Marlborough*, o *Bedford* e o *Monarch* se haviam distanciado e estavam a caminho do Rio de Janeiro, escoltando o príncipe. Assim, meu oficial comandante, eu e o destacamento fomos deixados só com a roupa do corpo, uma situação muito desagradável.

Nosso aperto foi comunicado ao almirante, e este nos informou que a fragata deveria levar mensagens para o Brasil e que devíamos todos ficar a bordo; qualquer ajuda que ele pudesse dar seria dada, e era para zarparmos logo que ele estivesse pronto.

Dia 12 de janeiro de 1808. Tendo sido feito sinal para a fragata se aproximar, o capitão foi a bordo da nau do almirante e recebeu suas ordens. Separamo-nos então às três horas e chegamos à ilha da Madeira no dia 16; conseguimos um suprimento de água e zarpamos dia 18. Passamos pelas Canárias no dia 23 e avistamos o rochedo de Tenerife e as ilhas de Cabo Verde. Paramos no porto Epre [Praia] da ilha de Santa Jago [São Tiago], conseguimos mais água e velejamos então para o Rio de Janeiro, onde chegamos a 29 de fevereiro, encontrando o *London*, o *Monarch* e o *Marlborough*, com parte da esquadra portuguesa; o *Bedford* e os restantes haviam sido dispersados por um vento muito forte, mas conseguiram chegar a São Salvador, onde Sua Alteza Real teve de parar, estando já sem qualquer espécie de provisões.

No mesmo dia nos reencontramos com o *London*, e foi uma visão gratificante para nós avistá-lo ancorado, pois estávamos havia 13 semanas sem muda de roupa, a não ser a que nos foi cedida pela generosidade dos oficiais a bordo do *Solebay*. No entanto, foi grande o meu desapontamento quando descobri que minha arca fora arrombada, e toda a minha roupa branca, que era de algum valor, tinha sido levada. Havia centenas de emigrantes a bordo do *London*, principalmente mulheres; mas os oficiais, com sua generosidade, conseguiram obter o que lhes foi possível daquilo que era necessário.

Uma circunstância digna de nota me foi comunicada aqui: a rainha, cuja doença mental era bem conhecida havia muitos anos, depois de alguns dias no mar teve grandes melhoras em suas faculdades. Como é infinitamente bom o onisciente Criador que, tendo-a privado de um trono terreno, fez o benefício de lhe restituir parcialmente a razão para seu trono celeste — uma troca mais que preferível!

A seguinte carta, endereçada a mim de São Salvador, encontrei-a a bordo do *London*, na tarde de 29 de fevereiro de 1808:

Do *Bedford*, nau de Sua Majestade, em São Salvador.

Aproveito uma oportunidade favorável para lhe escrever, pelo brigue de guerra que transporta despachos daqui para o Rio de Janeiro, com a esperança de que você tenha voltado ao *London*. Vou dar-lhe os detalhes de nossa viagem.

Tivemos a boa sorte de estar na companhia de Sua Alteza Real, que parou aqui por falta de provisões. Minha pena é inadequada para descrever a situação angustiosa das pobres mulheres que superlotavam a nau: estando desprovidas do que lhes seria necessário, fiquei espantado de ver como superaram suas dificuldades. Hoje de manhã morreu o duque de Caraval [Cadaval], literalmente sucumbiu de tristeza. Soube que ele era um dos principais fidalgos de Portugal e homem de caráter exemplar. Acho realmente que ele passava fome na viagem, e espero que o príncipe desembarque todos aqui, para evitar mais cenas de infortúnio. Soube agora que muitas senhoras dos arredores estão coletando roupas para as mulheres necessitadas; que Deus recompense tal ato de humanidade.

Esta manhã, o príncipe e sua família desembarcaram; foram recebidos com as devidas demonstrações de respeito e se acomodaram na casa do governador. Os habitantes já se ofereceram para lhes construir um palácio e concedem ao príncipe uma imensa renda de sua propriedade particular, até que ele possa organizar seu futuro governo.

O bom povo daqui é muito atencioso com os oficiais britânicos. Tendo os régios fugitivos transmitido ao capitão Walker sua intenção de visitar o *Bedford*, o que se deu no terceiro dia após o desembarque, eles deixaram a praia sob uma salva real das baterias e das embarcações e foram recebidos com o maior respeito a bordo, onde uma refeição fria tinha sido preparada para eles. Sua Alteza Real visitou todas as partes da nau e manifestou sua aprovação diante da limpeza que reinava por tudo.

A consideração do capitão Walker pelo príncipe foi muito grande, não só em relação à nau a bordo da qual Sua Alteza Real estava, mas também em relação a todos os vasos de guerra portugueses. Em sinal de reconhecimento por tão dedicada atenção, o príncipe presenteou-o com uma medalha de ouro de uma ordem de cavalaria portuguesa muito antiga. Sua Alteza o consulta em todas as oportunidades e parece feliz de receber seus conselhos.

Assim, meu amigo, enquanto Bonaparte se empenha em aniquilar as cabeças coroadas, nós fazemos, de nossa parte, todos os esforços para protegê-las; e confio que sempre imitaremos a disposição generosa de nosso nobre patrono e amado soberano.

Como você talvez aprecie algumas observações sobre a cidade da Bahia, ofereço-lhe agora a melhor descrição que minha situação me permite fazer. Ela é, além da expectativa, uma cidade grande, bem construída, populosa, e fica na encosta de uma colina; a parte baixa não é muito limpa, mas tem excelentes joalherias; a parte alta da cidade é muito agradável, e de lá se vê o mais belo panorama. Todo o lugar tem frutas deliciosas em abundância: vi bosques de laranjeiras de duas milhas de extensão, onde pude passear resguardado do calor do sol. Estando situado tão perto da linha do equador, o clima é intensamente quente. A cidade fica a 38 graus de longitude oeste e a 11 de latitude. Sempre pensei que ficava a 12 graus; portanto, nossos cartógrafos estão enganados. O porto, que se chama São Salvador, é muito espaçoso, mas não foi calculado para a residência real, sendo a costa muito aberta e a cidade muito desprotegida. Espere-nos em breve, pois logo o príncipe partirá daqui para o Rio de Janeiro.

Espero que o trecho precedente não seja considerado irrelevante por expor alguns fatos que, como creio, em geral não são de nosso conhecimento; ao mesmo tempo revela que gratidão e humanitarismo, com os mais delicados sentimentos do coração humano, podem existir e existem numa parte do mundo que, até hoje, fomos levados a considerar que se encontrava num estado quase selvagem.

Dia 5 de março, a bordo do *London*. Esta manhã, foi hasteado um sinal para cinco naus da frota. Às 12 horas ficaram à vista o *Príncipe Real*, o *Afonso*, o *Railma* [*Rainha*] *de Portugal*, o *Conde* [*Conde Dom*] *Henrique* e o *Bedford*. Sua Alteza Real liderava a frota, com seu estandarte flutuando no mastro principal. Tendo sido feito um sinal do *Marlborough*, pelo comodoro Moore, para que nos preparássemos para uma salva geral, assim o fizemos, e os fortes deram uma salva em retorno. O comodoro e os capitães seguiram então em seus escaleres para se congratular com Sua Alteza Real e família por terem chegado a salvo.

O vice-rei saiu no bergantim real para entregar seu pedido de exoneração, quando então um oficial do *London* foi mandado a bordo para oferecer sua ajuda, e estava com o regente quando o comodoro e os capitães esperavam por ele. Sua Alteza estava profundamente emocionado e, com uma linguagem forte, exprimiu a satisfação que sentia pela bondosa atenção que todos lhe haviam dispensado nesta parte do mundo. Contudo, embora *ele* estivesse fora do poder do usurpador, lamentava imensamente pelos fiéis súditos que havia deixado para trás.

O comodoro Moore foi recebido com toda a cortesia, o que proporciona infinita satisfação a todo aquele que tem a honra de ser apresentado a um oficial cujo caráter é tido em alta conta no serviço de Sua Majestade; os capitães foram também recebidos com toda a demonstração de respeito. Imediatamente após, Sua Alteza Real acompanhou Sua Majestade e as princesas a bordo do *Afonso* e, de lá, foi no bergantim real até a praia, sob uma salva real das naus e das baterias.

Ao desembarcar, foi recebido pelas tropas com três tiros de festim; os principais magistrados e cavalheiros da cidade de Santa Sebastian [São Sebastião] o conduziram ao palácio preparado para recebê-lo; e depois que Sua Alteza Real deu audiência a seus dignitários e a pessoas de distinção da cidade, dirigiu-se à catedral para dar graças ao Onipotente por sua grande misericórdia em facilitar sua fuga e por ter chegado a salvo. Ele ficou em meditação por longo tempo e então exclamou, num tom de voz ouvido claramente por todos: "Aqui eu dou sinceras graças a Deus por me ter protegido, e agradeço também a meus fiéis amigos ingleses e, por fim, a meus afetuosos súditos por sua bondosa recepção!"

A cena foi realmente tocante, quase todos tinham lágrimas nos olhos; naquele instante começou a música sacra, que aumentou a solenidade. Sua Alteza Real voltou no meio de um esplêndido cortejo e tornou a embarcar, saudado por todos os habitantes e pelas tropas. Havia homens nas vergas de cada nau, de todas elas foi disparada uma salva e, à noite, soltaram-se magníficos fogos de artifício, e toda a cidade ficou iluminada.

Dia 6 de março. Nesse dia, sob uma salva real das naus e das baterias, toda a Família Real desembarcou. Para isso, o chão foi coberto por um veludo carmesim, e um soberbo pálio era sustentado por quatro oficiais; Sua Majestade estava perfeitamente sereno e, com graciosa dignidade, deu grande atenção a seus zelosos súditos, enquanto lágrimas orvalhavam copiosamente suas faces idosas.

A visão de uma Majestade caída sempre desperta a mais terna simpatia; nem podemos negar nossa compaixão, mesmo que a queda tenha sido causada por erros ou crimes de quem cai. Naquele instante, porém, todas essas emoções chegaram ao mais alto grau, pois não há alma sensível que veja com indiferença um príncipe benevolente e afável com a mãe idosa, a esposa amada e cinco filhos pequenos, compelidos a deixar seus domínios herdados, legítimos, e obrigados a buscar refúgio numa parte distante do globo quase totalmente isolada do continente europeu!

Os habitantes de Santa Sebastian [São Sebastião] receberam de braços abertos os ilustres fugitivos; tudo que o zelo e a lealdade os impeliram a fazer foi feito; e a Família Real fixou residência no palácio usualmente ocupado pelo vice-rei, um edifício que, por sua suntuosidade, ultrapassa o que um europeu poderia imaginar, quando se considera que, aos diversos vice-reis, era quase inteiramente impossível um intercâmbio com qualquer outra nação.

Dia 12 de março. Chegou notícia de que uma esquadra de naus francesas estava na costa; o comodoro fez-se ao mar no *Marlborough*, acompanhado pelo *London*, pelo *Bedford* e pelo *Monarch*, juntamente com um brigue português, em defesa de São Salvador. Nós chegamos lá no dia 7 de abril, mas não recebemos qualquer informação a respeito. Encontrei o porto tal como meu amigo o descreveu; visto do mar, o panorama é encantador; um potente forte fica situado a leste do porto, e há vários fortes até o alto da cidade. Nossa estadia aqui foi de 11 dias, e nesse meio-tempo o *London* recebeu muitos visitantes, por ser a primeira nau inglesa de três conveses a cruzar a linha do equador.

O comodoro fez-se ao mar e no dia 12 de maio aportou no Rio de Janeiro, onde descobrimos que haviam chegado vários navios mercantes, cujos capitães nos informaram sobre a conduta de Bonaparte com o monarca espanhol e sua desventurada família, assim como com a nação portuguesa após a partida de seu amado príncipe: com isso se soube que, em Milão, no dia 23 de dezembro, fora assinado um decreto por Bonaparte e publicado em Lisboa, no qual ele declarara que, tendo a família de Bragança abdicado ao trono de Portugal, não reinaria nele nunca mais; e que, dali por diante, o reino de Portugal seria considerado como parte dos domínios da França e unido a ela.

Em conseqüência disso, Junot dissolvera a regência estabelecida pelo príncipe regente antes de partir, e formou-se um novo governo, cujos membros foram escolhidos entre aqueles traidores portugueses, que sempre haviam mostrado predileção pelos interesses franceses, dignos associados de um vilão como Bonaparte, homem sem remorso ou vergonha que, para recompensá-los, arrecadou a contribuição de quarenta milhões de cruzados!

Dia 17 de maio. Foi feito um sinal para duas naus que estavam à vista, e verificou-se que eram o *Foudroyant*, com o almirante *sir* Sidney Smith, e o *Agamemnon*, com o capitão

Jonas Rose. O almirante foi recebido com a maior alegria por todos os oficiais; Sua Alteza o príncipe regente expressou particularmente a satisfação que sentiu por ter o almirante se juntado a nós.

Dia 24 de maio. Pelo *London*, vieram ordens do comandante-em-chefe para empregar todo artífice da frota no preparo da nau para receber a Família Real, que tinha sido convidada por ele para jantar a bordo no dia 4 de junho, na comemoração do aniversário de Sua Majestade britânica (meu clemente soberano), e cujo convite eles se dignaram a aceitar. Assim, todos os canhões do convés e da cabine superior, assim como os do tombadilho, foram removidos. As cabines foram decoradas com as cores da Inglaterra, de Portugal e da Espanha, e com uma tela contendo os retratos de todos os nossos heróis navais; e, em homenagem aos visitantes reais, o convés estava atapetado com bandeiras francesas.

A mesa real foi colocada diante da cabine superior, e as mesas para receber nobres que faziam parte da comitiva da Família Real foram dispostas em toda a extensão e de cada lado do tombadilho. Foi suspensa uma plataforma do mastro principal para o mastro de proa, cujas beiradas estavam ornamentadas com as cores inglesas, portuguesas e espanholas. No centro ficava uma mesa com 160 talheres; em toda a extensão da nau, os toldos foram guarnecidos com divisas inglesas e portuguesas unidas, e suas bordas estavam adornadas com bandeirolas de diferentes cores; os lados da nau, no tombadilho, estavam cobertos com estandartes reais da Inglaterra, tendo à sua frente o brasão de Sua Majestade britânica acima da mesa real. Na popa foi erguido um toldo para receber os assessores dos ilustres visitantes; não se poupou trabalho para dar à nau uma aparência o mais possível pomposa.

No dia 4 de junho, foi hasteado o estandarte da Inglaterra em conjunto com o da Espanha. Às duas horas, o regente e sua família embarcaram, sob uma salva real das naus e das baterias; e, assim que Sua Alteza chegou a bordo, o estandarte de Portugal foi hasteado na proa, e eles foram recebidos com sinceras demonstrações de profundo respeito. Sua Alteza comentou estar o convés atapetado com as cores da nação francesa. O almirante confirmou, e o príncipe respondeu que, por poder calcá-las aos pés, sentia-se reconhecido a seu fiel aliado e a seus bravos súditos, uma resposta que demonstrou vivamente seus sentimentos de gratidão pela amizade britânica.

Às quatro horas, a Família Real sentou-se à mesa, o almirante supervisionando, até ser autorizado por Sua Alteza a se sentar à mesa que ficava à sua direita, com *mister* Hill, ministro britânico, sendo que os nobres tomaram seus lugares de acordo com sua graduação; a Família Real foi atendida por oficiais da Marinha britânica.

Em frente à mesa, foi posto o memorável estandarte que estava hasteado a bordo do *Príncipe Real*, onde viajara o príncipe quando compelido a deixar sua terra natal; os brasões de Portugal e Espanha estavam suspensos acima dos convidados reais, e, quando os oficiais ingleses e portugueses se sentaram, nada podia sobrepujar a felicidade de Sua Alteza e família, e todos os seus infortúnios pareciam estar esquecidos.

Nessa ocasião festiva, foram feitos vários brindes; e o indulgente leitor talvez não se incomode de ver como eles servem, melhor que uma descrição, para exprimir os sentimentos de gratidão dos convidados reais. Sua Alteza o príncipe regente, a princesa do Brasil e as princesas brindaram, dizendo: "Ao rei da Grã-Bretanha, e que ele possa viver até o fim dos tempos!"

O príncipe da Espanha brindou, dizendo: "Prosperidade ao Exército britânico, que está lutando pela causa de minha família."

As infantas disseram: "Que nosso pai e sua família possam conservar para sempre a estima de todos os oficiais de Sua Majestade britânica."

Os brindes foram respondidos com saudações reais. Ao pôr-do-sol, Sua Alteza Real solicitou que o estandarte real, que estivera hasteado a bordo do *London*, fosse trazido até ele. Tendo o pedido sido cumprido, Sua Alteza ordenou que o estandarte ficasse no convés e, depois, disse ao almirante, de maneira comovente:

Almirante, a honra que Vossa Excelência e os oficiais britânicos concederam hoje a mim e à minha família é muito maior que a esperada, pois se passou tão pouco tempo depois que tive diante de mim a sombria perspectiva de estar cercado por meus inimigos; para prevenir isso e em busca de neutralidade, fui constrangido a fechar meus portos à nação britânica, esperando satisfazer a exigência exorbitante do imperador francês; contudo, minha anuência não impediu meu país de ser invadido.

Tal medida extrema foi, para minha alma, a fonte da mais pungente tristeza — que eu tenha sido forçado a romper uma aliança que subsistia por tantos anos entre a Corte de minha mãe e a de Sua Majestade britânica; mas os embustes de Napoleão me compeliram, pois sua conduta pérfida me fez supor que, no caso de uma recusa minha, ele invadiria o reino de minha mãe. Da parte da Grã-Bretanha eu nada tinha a temer, pois era indiscutível a honra dessa nação.

Almirante, suas comunicações, que recebi por despacho, me informaram que Portugal tinha, em parte, sido tomado pelos franceses. Tal notícia me convenceu de que eu fora traído.

Mas a Vossa Excelência, almirante, eu e minha família devemos nossa liberdade e minha mãe, sua coroa e dignidade.

Viemos hoje a bordo do *London* para celebrar o aniversário de Sua Majestade britânica; e, nesta feliz ocasião, meu estandarte real teve a honra de ser hasteado junto com o da Inglaterra. Agora, ele está no convés, e me permita agradecer a Vossa Excelência e aos oficiais todos os obséquios feitos a mim, à minha família e a meus fiéis súditos.

Como símbolo de meu respeito, aceite de mim esse estandarte; e, doravante, conserve o brasão de minha Casa junto com o da sua: isso ficará, para sempre, como lembrança de que seus esforços nos preservaram de cair na cilada que Napoleão armou para nossa destruição.

Essa fala foi homenageada com uma salva de todas as naus de Sua Majestade. Foi muito tocante observar as princesas, os príncipes, inclusive o príncipe da Espanha, quando Sua Alteza Real fez seu discurso ao almirante; pois, embora a recepção fosse a mais suntuosa de todas jamais oferecidas a bordo de qualquer uma das naus de Sua Majestade, tendo um soberano se dirigido ao almirante britânico com tais palavras de respeito, isso foi suficiente para arrancar suspiros de lembrança das calamidades que Sua Alteza e sua família foram levadas a suportar e da perda de seus antigos domínios hereditários. Mas o almirante tornou a levantar seu ânimo, pedindo aos oficiais britânicos que bebessem à "prosperidade de Sua Alteza Real e de seus domínios", o que foi recebido com muito agrado pelos convidados reais.

Às oito da noite, essas ilustres personalidades deixaram a nau e convidaram o almirante, os capitães e os oficiais para acompanhá-los à ópera, a qual havia sido encomendada para a ocasião, em honra daquele dia, tendo sido preparados camarotes para recebê-los a todos.

No momento, foi feito um discurso como introdução, do qual a seguinte tradução espera poder dar uma idéia razoavelmente exata:

> Este foi um dia feliz: nosso soberano participou cordialmente da celebração do aniversário de Jorge III, soberano das Ilhas Britânicas, pai de seu povo e protetor da Casa de Bragança! Que sua bandeira possa continuar flutuando triunfalmente sobre as cabeças de seus inimigos! As leis da Grã-Bretanha são justas, seu soberano governa com justiça e humanidade. Todas as classes de homens oprimidos se dirigem a ele, cujos objetivos são justos, e têm certeza de receber conforto; e aqueles cujos desígnios são vis e desonestos seu Exército pode castigar e fazê-los temer o nome de um britânico. Dom João, príncipe regente, goza de sua liberdade, que ele deve às armas da Inglaterra. Que ele jamais seja molestado por algum poder do universo! Que possam os dois soberanos e seus descendentes viver em paz e amizade até o fim dos tempos! E que o poder maléfico do usurpador tenha uma queda rápida, e que os poderes unidos vinguem as afrontas feitas a seus países.

Infeliz Espanha! Tu foste enganada. Tua terra foi despojada de seu soberano, e esse soberano e sua família foram arrancados de seus fiéis súditos e condenados a uma prisão degradante, à qual só o Onipotente pode dar fim.

Dom Carlos, príncipe da Espanha, se a Providência lhe restituir seu país e o puser no trono de seus ancestrais, lembre-se da proteção da Grã-Bretanha: suas relações amigáveis irão garantir a felicidade de sua terra; seu comércio há de prosperar, seu Exército em terra e mar há de recuperar seu poder anterior, e os bravos espanhóis recordarão então sua antiga dignidade.

Ilustre princesa,[2] descendente de uma longa linhagem de soberanos espanhóis, e ilustres descendentes da Casa Real de Bragança,[3] que seus filhos aprendam a venerar a Casa Real de Brunswick!

E agora, na noite de 4 de junho, um dia de alegria e de grato respeito, como nosso Real Senhor e sua família nos honraram com sua ilustre presença, que nosso desempenho possa proporcionar igual prazer ao augusto auditório e se coroar de êxito, tal como a bandeira britânica, que até agora protegeu e preservou nosso Real Senhor!

Tendo passado 16 meses neste aprazível país, e tendo feito excursões de mais de 150 milhas por lugares lindos e agrestes de seu interior, gostaria de fazer algumas observações sobre sua beleza, assim como sobre os costumes e as maneiras de seus habitantes; mas, consciente de que meus pobres poderes de descrição são totalmente inadequados para fazer justiça a suas inúmeras belezas naturais e à filantropia simples que revela o verdadeiro bom

---

[2] A consorte do príncipe regente. (*N. da T.*)
[3] As infantas de Portugal. (*N. da T.*)

senso de seus habitantes, eu me atrevo (embora com a maior timidez) a oferecer os seguintes comentários, resultado de observações pessoais e de pesquisas detalhadas.

Por motivos políticos, os vice-reis, praticamente absolutos em seu modo de governar, sempre impediram os habitantes de um intercâmbio com outras nações, a tal ponto que nenhum europeu, a não ser português, jamais chegou aqui sem que uma sentinela o acompanhasse, de modo que as maneiras dos aqui nascidos logicamente conservam as características originais de autêntica inocência.

Muito antes de a Família Real deixar Lisboa, a capital tem sido o Rio de Janeiro, do qual tentarei dar uma descrição sucinta, pelo que experimentei durante o decorrer de uma longa estada.

O que primeiro chamou minha atenção foi um imenso rochedo, a dez léguas da terra, de nome Sugar Loaf, que os nativos chamam Pan Assugar [Pão de Açúcar]; ele aponta para a entrada da baía, e é um marco para pessoas que não navegaram por essa parte do mar. As rochas que existem perto do Pan Assugar [Pão de Açúcar] parecem ruínas de uma grande formação, e a maioria é inacessível. Passando além delas, a paisagem muda a cada momento. No lado sul da entrada da baía há inúmeras fortificações e encantadores chalés.

A entrada da barra é estreita, defendida de cada lado por fortalezas; a do lado leste é chamada Santa Cruz; suas paredes são de lindas pedras brancas, e ela está equipada com oitenta canhões que disparam projéteis de 12, 18, 36 e 68 libras. Todos os navios que passam e tornam a passar por ali recebem ordem de parar, de modo que um inimigo acharia difícil entrar.

Depois da fortaleza de Santa Cruz, o forte do lado sul é chamado Santa Jana [São João]: e então as belezas da baía dão acesso a um panorama grandioso e pitoresco, que não se compara com qualquer outro no mundo inteiro. Na baía cabem mil naus de alto bordo e um número quatro vezes maior de vasos de guerra menores. Há nela inúmeras ilhas, algumas fortificadas.

A ilha de Boa Voyga [Viagem] tem uma igreja muito bonita, dedicada a Santo Antônio, e todos os navegantes portugueses têm o costume de pagar um pequeno tributo aos sacerdotes dessa igreja, implorando ao santo que lhes garanta uma viagem a salvo. Para as pessoas esclarecidas e, em particular, para os protestantes, isso parece ridículo; mas os costumes dos países, especialmente dos países religiosos, embora possam parecer supersticiosos ou inúteis, deveriam pelo menos ser tratados com respeito, é o que recomendo aos navegantes britânicos. Se eles não conseguem acatar com reverência tais cerimônias, que não permitam, de modo algum, a exteriorização do mais insignificante desrespeito; pois se fôssemos observar imparcialmente os usos e costumes frívolos de nossos conterrâneos, muitos dos preconceitos alimentados e praticados* pareceriam tão absurdos aos estrangeiros como os deles nos parecem; e, sejam elas corretas ou não, as cerimônias religiosas deveriam ser consideradas sagradas, e o menor comentário insultuoso deveria ser punido severamente; com o tempo, isso acabaria com a antipatia que, só por esse motivo, as classes mais baixas dos habitantes de Espanha e Portugal têm pelos do Reino Uni-

---

*A crendice dos ingleses em profecias: Mother Shipton, Southcott, Brothers etc. O visionário escocês, Fore and Second-sight men etc. A crendice irlandesa em espíritos agourentos e fadas etc.

do; acima de tudo, isso assegura a facilidade de expandir o comércio e de ampliar o amor fraterno universal.

O clima da América do Sul é tanto agradável quanto saudável, estando livre de muitas desvantagens comuns a outras terras tropicais. Embora situada sob o trópico de Capricórnio, é raro o ar ficar quente demais, já que a brisa do mar começa normalmente a soprar de manhã e continua até a noite, quando então bate um vento agradável da terra. Os arredores são os mais românticos que se possa imaginar, com alguns morros muito altos e cobertos de grande variedade de árvores; nas várzeas há propriedades rurais magníficas e também fazendas de açúcar, milho, arroz, ervilha, feijão, inhame, batata-doce, pepino, verduras para saladas e outras, tudo na maior perfeição. Há uma abundância exuberante de frutas tropicais, e os mercados estão diariamente supridos de peixes, carne de aves e de vaca de ótima qualidade e a preços bem baratos.

A jardinagem é praticada bastante e com prazer, e os jardins, dentro da cidade e nos arredores, são planejados com grande critério, e embelezados com arbustos floridos selecionados. Para distração do povo há o mais agradável jardim público[4] cercado de um muro branco, alto e sólido; o portão, guardado por duas sentinelas, é ornamentado no alto com baixos-relevos dos falecidos rei e rainha de Portugal, numa execução primorosa; as alamedas são conservadas em excelente ordem e iluminadas à noite por inúmeros lampiões, pendentes dos galhos das árvores.

No fim da alameda oposta ao portão, há duas pirâmides triangulares de mármore branco, mais ou menos

---
[4]Aqui se trata do Passeio Público, como era antigamente. (*N. da T.*)

com vinte pés de altura; em suas bases há várias figuras excepcionalmente bem-feitas, despejando água em bacias que ficam em volta. Atrás, vê-se uma elevação artificial, tendo na frente dois jacarés de bronze, lançando um jato de água clara por suas terríveis goelas, e a água flui por fragmentos de rocha até cair num pequeno tanque, em cuja beirada inúmeras aves aquáticas pousam constantemente para descansar. No alto da elevação há um coqueiro de majestade incomum, estendendo seus longos ramos sobre o conjunto, projetando a mais agradável sombra por sobre os bancos junto ao tanque em que a obra termina.

Perto dali, subimos dois lances de escada até um terraço, de onde se domina o panorama de grande parte da baía e se avista uma rua larga em frente ao mar que leva a uma bela igreja chamada Gloryo [Glória]. No alto do muro (cuja base é molhada pelo mar) há uma profusão de flores plantadas, intercaladas com abacaxis em grandes potes de mármore. No centro, num pedestal, há uma estátua muito bem-feita de mármore branco, segurando por uma perna uma tartaruga, de cuja boca escorre água numa bacia de mármore de vários matizes. Na extremidade do jardim há dois pavilhões: um contém quadros muito bem-feitos da cidade e da baía e marinhas de mares adjacentes, e em seu teto há trabalhos primorosos feitos com conchas; o teto da outra está ornamentado da mesma maneira refinada com pinturas e penas, mas os quadros são de manufaturas e produtos da terra. Esses pavilhões constituem abrigos saudáveis e frescos; o chão e os bancos são de mármore e, no meio, há mesas e cadeiras para acomodar os que por ali passeiam.

A leste do jardim público, mais ou menos a uma milha de distância, há um casario, formando um conjunto, usado como ponto de reunião. A instalação é de muito bom gosto, e as salas são ornamentadas com belas gravuras, entre as quais tive o prazer de ver retratos de quatro heróis da Marinha britânica: Howe, Saint Vincent, Duncan e o imortal Nelson; realmente o estilo do mobiliário é mais inglês que qualquer outro que vi no Rio de Janeiro.

Perto desse casario fica um jardim onde há um engenho movido por cavalos; sua construção é semelhante à de uma roda-d'água, e eleva, a uns cem pés de altura, uma quantidade de água que é distribuída para vários chafarizes, passando por diversos jardins. Não muito longe dali, existe um grande aqueduto digno da atenção do viajante: ele é composto de oitenta arcos, em duas séries de uns quarenta pés cada uma, e dá uma bela impressão visto da entrada da baía, elevando-se majestosamente acima dos mais altos prédios desse bairro da cidade. O aqueduto foi feito para transportar, por cima de uma várzea, a água da fonte abundante de um morro próximo. Acho que teria sido muito menos dispendioso se isso tivesse sido feito por meio de canos; mas, na verdade, dinheiro é uma questão de menor importância neste país, onde o ouro é tão abundante, e a mão-de-obra, muito barata. Com esse aqueduto, os habitantes estão plenamente supridos de água, assim como também as numerosas frotas mercantes que freqüentam este porto para fazer comércio e restaurar as forças.

Oposto ao desembarcadouro fica o palácio da princesa, um prédio amplo e alongado de dois andares. Uma parte do andar de baixo é ocupada por oficiais militares e por uma porção de criados, e o resto pela casa da guarda e pela Casa da Moeda; não há atrativo algum em sua aparência externa, mas ele contém uma série de dependências espaçosas e imponentes.

Ao fundo, o prédio, que havia sido antes um convento, agora está transformado em residência da rainha. Sua Alteza Real fez construir uma galeria em arcada na rua que leva aos aposentos de Sua Majestade. Perto do palácio fica o Teatro Lírico, um prédio que nada tem de superior em sua aparência externa, mas por dentro é limpo e tem excelentes acomodações. O espetáculo foi de grande classe e bem além da expectativa.

O mercado se estende da extremidade norte da quadra ao longo da costa, o que é considerado muito conveniente para as embarcações que vêm do outro lado da baía com verduras, legumes e frutas e também para os barcos pesqueiros.

Os negros são quase as únicas pessoas empregadas na venda das diferentes mercadorias expostas no mercado, e, nas horas vagas, eles fiam algodão e fazem chapéus de palha: numa palavra, todo tipo de trabalho manual é realizado por eles, e aos que têm donos bons é permitido se divertirem numa parte de determinados dias, o que sem dúvida é feito com muito entusiasmo.

Quando cessa o calor do dia, eles se encontram num terreno espaçoso nos arredores da cidade, onde se dispõem formando grupos de danças, divertimento que eles apreciam demais. Seus instrumentos de música são uma espécie de flauta e tambores de vários tamanhos, tudo fabricado por eles mesmos. À noite, todos voltam para casa em ordem, dançando enquanto passam pelas ruas; e, embora sejam chamados negros e considerados escravos, eles desfrutam muito mais seus divertimentos que as pessoas das classes inferiores do Reino Unido, porquanto lá isso é visto como um crime tão grande quanto a embriaguês.

Não posso aplaudir a força ou o sistema militar tal como era conduzido antes da chegada do príncipe regente, mas não tenho dúvidas de que Sua Alteza Real logo o deixará numa situação de respeitabilidade.

Os habitantes, em suas maneiras e costumes, são extremamente liberais, hospitaleiros e bondosos para com os estrangeiros. Um caso em particular chamou minha atenção: passei por uma casa onde uma banda de música estava tocando e, como aqui a curiosidade de um estrangeiro é geralmente desculpada com uma liberalidade quase desconhecida em outros países, aventurei-me como intruso para averiguar as razões da folgança; e, como meu passaporte é a minha farda, tive oportunidade de observar uma reunião de numerosas pessoas de ambos os sexos sentadas a uma mesa, onde se servia vinho em profusão e doces em compota; na cabeceira da mesa estava colocada uma imagem numa redoma de vidro. Fui convidado a partilhar sua hospitalidade, inclusive um bom vinho, que passavam em volta livremente, e fui informado de que estavam celebrando a festa de Santa Ana e que a imagem na cabeceira da mesa a representava. Impressionado com a consideração do bom anfitrião, eu me despedi. Assim foi o tratamento hospitaleiro que encontrei durante minha estada neste país. De fato, a boa vontade dos habitantes é tão grande que todos disputam a atenção a ser dada a um estrangeiro: ficam todos às ordens, com sua casa, sua mesa, seus cavalos, para servir a um britânico.

A maior parte das casas é bem construída, e principalmente com pedra; os aposentos são altos e espaçosos, e as ruas são simétricas. As habitações das pessoas da classe mais baixa são de madeira, e as janelas têm gelosias, já que a vidraça é desnecessária para que haja livre entrada de ar. As lojas, como as dos ourives e prateiros, assim como as de topázios, águas-marinhas, cristais, ametistas e diamantes, são excelentes. Os artífices são hábeis e talentosos, mas não tanto quanto os europeus.

Na cidade há um morro imenso que a princípio tem a aparência de um forte, mas, quando me aproximei, descobri que se tratava de uma cadeia pública, e não havia ali nem um canhão, o que muito me surpreendeu, já que o morro domina a cidade e o porto. Perto fica uma igreja, que se chama Santa Sebastiano [São Sebastião] e que é a igreja matriz do lugar. O panorama que se avista daqueles dois morros é de uma beleza indescritível e oferece um campo vasto ao gênio de um artista.

Na cidade há muitos conventos, todos em prédios de nobre feitio; as igrejas são majestosas, e tudo passou por melhoramentos desde a chegada de Sua Alteza Real. Por ter esta cidade se tornado residência real, as lojas mostram atividade e embelezamento. Durante minha estada, estabeleceram-se aqui muitos comerciantes ingleses, realmente honrados, devido à proteção e à grande indulgência do príncipe regente, cujos sentimentos de gratidão e tendência humanitária se demonstram na atenção que tem com os britânicos.

As barbearias são deveras singulares, pois são assinaladas por uma bacia, e o barbeiro desempenha três profissões: de cirurgião, de dentista e de barbeiro. Seu modo de trabalhar é digno de nota: a pessoa é posta numa cadeira, e a bacia (que tem um pedaço da beirada cortado de propósito de forma arredondada) é ajustada ao pescoço; dessa maneira, a cabeça descansa no encosto da cadeira; a barba é então umedecida com água morna, o barbeiro esfrega várias vezes um pedaço de sabão no rosto, e a barba é tirada habilmente.

Não posso deixar de falar sobre o funeral de pessoas mais pobres: é uso serem enterradas sem esquife, e o homem que está morrendo geralmente pede para ser enterrado com o hábito de monge. Se isso é acidentalmente omitido, seus piedosos filhos raramente deixam de comprar um traje dos padres, que, com intenção de lucro, guardam vários deles para esse fim. Prefere-se um burel velho a um novo, pois se supõe que aquele assimilou uma porção maior de santidade. Uma virgem tem seu corpo envolto no hábito branco de uma carmelita, com uma coroa de mirto ao redor da testa e um raminho nas mãos.

Na cidade há inúmeras fontes, para a comodidade dos habitantes. Uma delas em particular, que merece notícia, fica em frente à praça do palácio, perto do mar, e dela os navios se abastecem, por meio de canos de couro que vão da fonte até eles. Ao norte existe uma ilha, bem fortificada, chamada Couberg [ilha das Cobras], onde há uma prisão para os criminosos. A ilha é inacessível, o que traz graves conseqüências para a cidade, mas a alfândega ainda está em seus primórdios, e é claro que os comerciantes ingleses passam atualmente por muitos transtornos.

Certa vez, devido ao convite irrecusável do senhor Francisco Philegoso [Fragoso?], jantei com ele no convento dos carmelitas, onde a amável hospitalidade, tanto dele quanto de seus irmãos, pode ser comparada com o antigo e bom passadio inglês: havia mais de quarenta pratos, servidos um de cada vez; as massas e as frutas eram deliciosas; e, entre os petiscos mais substanciais, constava um grande leitão inteiro, assado e recheado com várias ervas aromáticas.

Serviu-se uma grande variedade de vinhos, todos excelentes em sua espécie; e, depois que a toalha da mesa foi retirada, a garrafa circulou por todos em meio a canções, ditos espirituosos e conversas, até que fiquei quase tonto, o que me levou, tarde da noite, a me despedir, isso apesar dos mais calorosos pedidos para ficar e dos amáveis convites para que eu repetisse a visita, que fiquei satisfeito de ver que eram realmente sinceros.

Há muitos cafés novos abertos pelos ingleses, que darão bons resultados; de fato, desde março de 1808, toda a cidade está consideravelmente mudada e melhorada. Do lado oposto ao palácio real, na parte leste da costa, formaram-se várias aldeias: uma se chama Santa Dominga [São Domingos], outra Reo Grand [Rio Grande], e são habitadas por fazendeiros e artífices. Nos arredores há uma porção de lugares bonitos. A passagem pelo rio é muito agradável, tendo a brisa do mar por 12 horas num sentido e o vento de terra durante o mesmo tempo no sentido inverso. Passeei pela região atravessando muitas milhas, e o interior é uma fonte de prazer. O solo é extremamente rico, mas inculto na maior parte; e, em suas moradias, os habitantes são tão hospitaleiros com todo mundo quanto os da cidade são de uma refinada generosidade. Em minha opinião, as mulheres deste país são muito encantadoras e geralmente morenas. Em sua maioria, são lindas e, embora delicadas e pequenas, são elegantemente bem formadas e parecem recatadamente sedutoras. Elas são graciosas e caminham com um garbo extremamente cativante. Sua roupa, tanto a usada em grandes ocasiões quanto a de uso diário, é sempre preta; e a seus vestidos fora de moda nenhum refinamento moderno adicionaria mais graça ou beleza. As saias de cetim franjadas e enfeitadas com ricas rendas parecem indicar seu gosto nativo, e a mantilha solta de cetim preto, como que jogada à vontade sobre os ombros, aumenta — se possível — a elegância superior do talhe com que a natureza as abençoou. É de se lamentar que tais mulheres, feitas para transmitir as mais puras sensações à nossa natureza, não tenham mentes igualmente cultivadas; e que, com as vantagens que a natureza lhes concedeu em abundância, devam ser — devido a resquícios do ciúme italiano que ainda paira nas mentes dos homens — impedidas de usar os privilégios que minhas simpáticas conterrâneas possuem no mais alto grau, e que as torna, intelectual e pessoalmente, a glória, o orgulho e o adorno da terra.

Seu véu, cuja intenção, ocultando sua beleza, seria torná-las mais instigantes, é preso no penteado e cai graciosamente para trás; e sua tez morena se deve unicamente ao fato de que elas não têm outra sombra senão a de seus leques para protegê-las do sol a pino, pois na infância sua tez é clara como a das européias.

Uma pessoa que desconheça totalmente seus costumes pode chegar a supor que elas são inclinadas à licenciosidade, sendo sua inocência, típica da terra, muito menos refreada que a das nações que têm um intercâmbio maior com outras.

Naveguei por centenas de milhas ao longo da costa e, como o *London* era a nau escolta de Sua Alteza Real, sempre que a Corte se mudava do Rio de Janeiro para sua casa de campo chamada Santa Cruz, o *London* ia até a Maram Bay [Marambaia], cuja descrição, assim como a da planície de Santa Cruz, creio que será bem-vinda.

O rio Marambaia é de difícil navegação, pois serpenteia continuamente em conseqüência das inúmeras ilhas que há nele e dos muitos rochedos que o obstruem. Na Isle de Grand [ilha Grande], ele é largo e amplo; e como nenhuma embarcação maior que navios mercantes subiu esse rio, o capitão Western, excelente navegador, tomou a precaução de sondar o canal, e viu que era estreito mas seguro. Depois de várias tentativas na entrada, avançamos rio adentro por 13 milhas; a paisagem é pitoresca dos dois lados, embora a terra não seja cultivada; e, por causa das variadas ilhas que existem no canal, a cada milha o navio se viu bloqueado pela terra.

A baía da Marambaia mede mais ou menos cem milhas em seu contorno. Os habitantes de Santa Cruz ficaram tão alarmados ao verem uma nau de 98 canhões pela primeira vez que não se aventuraram a subir a bordo. Em sua maioria são índios da terra, e eles são realmente prestativos, principalmente as mulheres, em geral muito bonitas, modestas e bondosas.

A residência do príncipe era, anteriormente, propriedade dos jesuítas; mas há bastante tempo, durante o vice-reinado do marquês de Pombal, este descobriu que os padres se haviam tornado tão poderosos que já tentavam se tornar independentes. O vice-rei achou necessário expulsá-los, e seus bens foram confiscados para a Coroa. O convento — agora o palácio — fica numa elevação no centro de uma vasta campina, com mais ou menos 12 milhas de extensão. O solo foi desobstruído por iniciativa dos jesuítas, e por ele corre o famoso rio Tagwawe [Itaguaí], que é navegável por umas nove milhas para embarcações pequenas, devendo-se isso inteiramente ao trabalho de suas mãos.

Esta planície é um rico pasto, e vi que nele se alimentam umas cinqüenta mil cabeças de gado de qualidade. Não seria generoso de minha parte deixar de mencionar que, cada vez que Sua Alteza Real visitava este belo lugar, sua liberalidade era imensa para com os oficiais, marinheiros e fuzileiros; eles eram fartamente supridos de carne de vaca, vitela, carneiro e todo tipo de verdura e legumes. Os habitantes, muito bondosos, punham à disposição casa, mesa, cavalos e mulas, e qualquer raridade que houvesse na terra era conseguida para nós sempre que possível; até os negros mostravam empenho em nos servir. Os habitantes chegam a uma idade avançada: fui apresentado a uma família em que a bisavó tinha 110 anos, a avó, 94, a mãe, 71, esta com uma família de nove filhos, entre homens e mulheres.

O serviço que eu prestava a meu país me permitiu passar muito pouco tempo na Bahia, geralmente chamada São Salvador. Minha primeira intenção foi aproveitar todas as oportunidades para observar as maneiras e os costumes dos habitantes, tendo tido uma impressão muito favorável deles, na carta já citada, de quando o príncipe regente chegou lá. A entrada da baía é boa, mas difícil para a navegação estrangeira; a esquadra do comodoro Moore passou por um perigo iminente, por falta de conhecimento do canal. Por se terem mantido longe demais do lado leste, os navios ficaram só com quatro braças de água, e nessa hora eu podia avistar claramente as rochas bem embaixo da popa do *London*.

O ponto de referência do canal é o imponente convento de Santa Teresa, que fica numa península e torna a baía mais pitoresca. A leste há um forte de pequena importância, sendo a amplitude da baía grande demais para um bom desempenho dos canhões; isso tornou necessário há muitos anos remover a sede do governo para o Rio de Janeiro, por razões de segurança, já que a terra ao longo da costa é rasa e de fácil acesso a um desembarque inimigo. Do grande forte na costa leste até a cidade, há vários fortes bons e bem construídos, mas não suficientemente aptos para resistir a um exército invasor. A baía é muito espaçosa, capaz de conter alguns milhares de embarcações. Visto da baía, o panorama da cidade é grandioso, sendo ela construída na encosta de imensa colina; as ruas mostram-se distintamente em fileiras, e as casas se elevam umas acima das outras. O desembarcadouro é chamado Arsenal de Marinha, mas ainda está em começo de desenvolvimento. Será de grande utilidade fazer o mais amplo arsenal do mundo, já que a maré permite que seja lançado ao mar um navio de alto bordo em todas as épocas do ano. Os passageiros de vasos de guerra têm permissão para desembarcar no arsenal; e, para honra da nação portuguesa, os britânicos de todas as classes são tratados com o máximo respeito. O acesso ao arsenal pela rua principal da cidade baixa é de grande beleza. A arcada é feita de lindas pedras brancas e com um acabamento refinado.

A rua principal ao longo da costa tem aproximadamente duas milhas de comprimento: nela moram todos os chamados praianos e a maior parte dos escravos. Existem aí lojas de vários tipos, sendo as mais dignas de nota as dos ourives, dos prateiros e dos negociantes de diamantes, que são riquíssimos. Os cafés não são dos melhores, mas em troca de um vintém (por volta de um pêni e meio) você é tratado com tanto respeito como se tivesse gastado dez libras. Dessa rua sai um caminho que serpenteia até a cidade alta. À medida que se sobe, abre-se a mais bela paisagem que se possa conceber, extremamente enriquecida pelo panorama da terra, e aos poucos se apresenta a visão das embarcações e uma vastidão ilimitada de céu e água sem uma nuvem para toldá-la. A cidade alta é habitada pelos mais respeitáveis negociantes e fazendeiros. Suas igrejas são suntuosas, mas em nada diferem das do Rio de Janeiro; seus frades, no entanto, são as pessoas mais hospitaleiras que já conheci, e peço licença para contar um exemplo disso: um sacerdote, chamado Pedro [padre] Francisco Gomes, que geralmente morava a alguma distância da capital, mas também tinha uma bela residência na cidade, ofereceu uma cena encantadora de sua bondade. Dois distintos oficiais do *London* andaram até bem longe pelo lugar, procurando informar-se, e, sentindo-se mal com o calor excessivo, pararam na casa de campo daquele digno clérigo, que os recebeu com uma simpatia autêntica. Frutas, vinhos e doces foram servidos e, à sua partida, um cavalo levou uma carga de laranjas e frutas para restaurar suas forças. As laranjas são particularmente grandes, muito cheirosas, sem caroços, e são chamadas laranjas-virgens, sendo originais desta parte da América do Sul, e cada uma dá por volta de meio quartilho de delicioso suco.

O panorama da beira do oceano é enriquecido por muitas vivendas verdadeiramente magníficas. Uma delas, a residência do senhor Lisbon [Lisboa], é digna de nota, foi construída com belas pedras brancas, e na frente tem como ornamento várias estátuas de mármore: uma representa Pomona, outra, a Indústria, e no centro há um grupo muito bem-feito representando a atual rainha de Portugal cercada por sua família. O jardim e os arvoredos são dispostos segundo o gosto europeu.

São Salvador esteve alguns anos sob o domínio dos holandeses, que abriram um canal em volta da cidade; mas os portugueses se insurgiram e os expulsaram. O canal provocou grandes doenças epidêmicas com suas águas estagnadas, de modo que os portugueses foram obrigados a aterrá-lo, obra que só foi concluída em 1808. Eu indaguei ao doutor Barbensoe, médico muito conceituado, quais as doenças predominantes! Sua resposta foi: "Nesta parte do mundo, qualquer profissão é melhor que a minha; atendo a todas as principais famílias da cidade, e delas recebo uma boa soma anual, mas raramente sou chamado devido à salubridade do clima; os habitantes vivem até idade avançada, apesar de estarmos tão perto da linha do equador."

O respeitável sacerdote citado anteriormente, padre Francisco Gomes, convidou para jantar o capelão e vários oficiais fuzileiros e navais do *London*, quando conseguiu combinar a primeira das virtudes, caridade, com a mais generosa hospitalidade, ou fez com que esta servisse à primeira. Achei sua casa muito bem mobiliada e com excelentes gravuras. Sua biblioteca consistia de milhares de volumes dos melhores autores, e ele sabia conversar fluentemente em português, espanhol, inglês, francês, alemão e latim. Seu banquete foi suntuoso, mas como me pareceu um tanto inusitado vou tentar descrevê-lo. Primeiro prato: em cada extremidade da mesa havia uma terrina de caldo de galinha; nos quatro cantos havia um leitão assado; no centro, dois grandes perus; dos lados o prato era rosbife, cada um pesando umas quarenta libras, com grande variedade de verduras; 17 pessoas sentaram-se para jantar, e cada uma estava suprida de uma garrafa de vinho do Porto ou Madeira; um escravo servia à mesa e trocava os copos toda vez que bebíamos; e, sempre que os pratos eram retirados, eram postas diante de cada um lavandas de prata para lavar os dedos. O segundo prato consistia de galinha, carne de caça, guisado e verduras na maior quantidade e perfeição. O terceiro, de massa e doces de todo tipo; e o quarto prato, que me pareceu singular, compunha-se de grande variedade de peixes que existem nestes mares. A sobremesa era de frutas tropicais de muitas espécies, e, cada vez que os diferentes pratos eram retirados, serviam-nos garrafas de vinho fresco. Mas peço licença para deixar aqui registrado qual a parte que mais me agradou desse principesco banquete: fiquei surpreso de ver que cada prato, quando era tirado, era posto numa mesa grande, na sala ao lado, e observei que trinta escravos levavam tudo embora juntamente com o vinho, com ordem de trazer de volta um recibo. A curiosidade me levou a perguntar (embora confesse ter sido descortesia minha) o significado do pedido de um recibo. A resposta me foi profundamente gratificante. Disseram-me que ao lado da residência do venerável e generoso padre havia uma casa que abrigava pobres, aleijados, cegos e idosos; e era ordem desse digno homem que tudo o que sobrasse nas travessas fosse levado para aquele asilo de caridade, para alívio de seus dependentes; e estivesse ele na cidade ou no campo, sua mesa era preparada para 18 pessoas.

Depois desse jantar hospitaleiro, insistiram para que dormíssemos lá. Diante de nossa recusa, fomos guiados até a praia por escravos, com tochas acesas. A bondade inata que caracterizava esse digno clérigo elevou muito meus sentimentos, e foi com sofrida relutância que deixei tal pessoa, que é motivo de honra para a natureza humana. Convidamos nosso bondoso anfitrião e seus amigos para um jantar a bordo do *London*, por considerarmos que seria agradável a visita a um navio de tanta magnitude, pois o *London* era o primeiro navio inglês de três conveses a cruzar a linha do equador. Eles aceitaram nosso convite e expressaram grande surpresa diante dos regulamentos internos e da acomodação para setecentos homens. Partilhamos com eles nosso jantar caseiro. A noite nos separou do convívio de homens que honram a humanidade; e o serviço de minha pátria na manhã seguinte me fez deixar sua praia tão amigável — talvez para sempre!

LISTA DE SUBSCRITORES

Sua Alteza Real a princesa de Gales
Sua Alteza Real o duque de Clarence
Sua Alteza Real o duque de Kent
Sua Alteza Real o duque de Cumberland
Sua Alteza Real o duque de Sussex
Sua Alteza Real o duque de Gloucester
Sua Alteza Real a duquesa de York
Sua Alteza Real a princesa de Gloucester
Sua Alteza Sereníssima o *margravine* de Anspach

Abbott, honorável *sir* Charles
Abbott, senhora
Abdy, viúva *lady*
Abdy, *sir* William, baronete
Abercorn, marquês de
Abercromby, hon. J.
Aberdeen, conde de
Aberdeen, condessa de
Aberdeen, viúva condessa de
Abergavenny, conde de
Abindon, conde de
Aboyne, conde de
Adair, lorde
Adair, senhora
Adam, William, *esquire*, M. P.

Adams, Charles, *esquire*, M. P.
Adamson, Robert, *esquire*
Addington, *Right* hon. J. H., M. P.
Addison, senhora
Aderson, senhora
Affleck, *lady*
Agace, Daniel, *esquire*
Agar, capitão, M. P.
Agar, E. F., *esquire*, M. P.
Agar, William, *esquire*
Aickin, Francis, *esquire*
Albermale, viúva condessa de
Albermarle, conde de
Albert, senhora
Alcock, W. C., *esquire*, M. P.

Aldersey, senhora
Alexander, senhora
Allan, Alexander, *esquire*, M. P.
Allen, senhora
Allen, senhorita
Allerdyce, senhora
Altham, senhora
Althorp, visconde de
Amcotts, *lady*
Amherst, viúva *lady*
Anderson, coronel, R. M.
Anderson, William, *esquire*.
Andrews, Miles Peter, *esquire*, M. P.
Angerstein, J., *esquire*
Annesley, reverendo senhor
Anson, George, *esquire*, M. P.
Anson, honorável senhora
Antonia, W. L., *esquire*
Antrobus, Phillip, *esquire*
Apreece, *sir* T. H., baronete
Arbuthnot, lorde
Archdeckene, Chaloner, *esquire*
Arden, *lady*
Arden, lorde
Armstrong, C. W., *esquire*
Armstrong, senhora
Armstrong, W. H., *esquire*
Arnold, Charles, *esquire*
Arundell, lorde
Ascough, George, *esquire*
Asgill, *lady*
Asgill, *sir* Charles, baronete
Ashburnham, conde de
Ashburnham, honorável George M. P.

Ashburton, lorde
Askew, Adam, *esquire*
Askew, senhora
Asking, senhora
Astell, Wm. *esq.*, 3 exemplares, M. P.
Astley, *sir* J. H., baronete, M. P.
Aston, reverendo lorde
Atchdall, Mervyn, Júnior, *esquire*, M. P.
Atherton, H., *esquire*.
Athol, duque de
Atkinson, senhora
Atkinson, William, *esquire*, M. P.
Aubrey, *sir* John, baronete, M. P.
Auckland, lorde
Audley, lorde
Austin, senhora
Avonmore, visconde de
Aylleit, *sir* William, K. M. T.

Babbington, senhorita
Babington, Thomas, *esquire*, M. P.
Bagenal, William, *esquire*, M. P.
Bagot, viúva *lady*
Bagot, lorde
Bagott, honorável Charles
Bagwell, R. Hon. Wm, M. P.
Baillie, James, *esquire*
Baillie, senhora
Baillie, Evan, *esquire*, M. P.
Baillie, Peter, Jun., *esquire*, M. P.
Baillie, senhora
Bain, doutor
Bainbridge, Edward, *esquire*
Baird, *esquire*

Baird, tenente-general, *sir* David, baronete
Baker, John, *esquire*, M. P.
Baker, R., *esquire*
Baker, senhora
Baker, W. P., *esquire*, M. P.
Balcarras, conde de
Baldwin, William, *esquire*
Balfour, general
Balfour, John, *esquire*
Bambury, *sir* H., baronete
Bamfield, *sir* C. W., baronete, M. P.
Bandon, conde de
Bane, B., *esquire*
Banks Henry, *esquire*, M. P.
Banning, John, *esquire*
Bantry, visconde de
Barbazon, *sir* William, baronete
Barbor, Edward, *esquire*
Barclay, tenente-general, R. M.
Barham, Joseph P., *esquire*, M. P.
Barham, *lady* C.
Barham, lorde
Baring, A., *esquire*, M. P.
Baring, Henry, *esquire*
Baring, senhorita
Baring, Thomas, *esquire*, M. P.
Barker, *sir* William, baronete
Barlow, senhora
Barnardiston, Nath., *esquire*
Barrington, *sir* Jonah, baronete
Barrow, senhora
Barry, coronel Maxwell, M. P.
Barry, J. M., *esquire*, M. P.
Barrymore, conde de

Barwell, senhora
Bassett, senhorita
Bastar, coronel J.
Bastard, coronel J. P., M. P.
Bastard, Edmund, *esquire*, M. P.
Bates, senhorita
Bath, marquesa de
Bathurst, *lady*
Batt, T., *esquire*
Battye, Richard, *esquire*
Baug, senhora
Bayfield, senhora
Baynes, *sir* Christopher, baronete
Bayning, lorde
Baynon, tenente R. M.
Bayton, senhora
Bazelgette, Lewis, *esquire*
Bazett, senhora
Beale, Daniel, *esquire*
Beanfort, duque de
Beardmore, senhora
Beatham, senhora
Beauchamp, lorde
Beauclerck, lorde William
Beaufort, duquesa de
Beaumont, senhorita
Beaumont, T. R., *esquire*, M. P.
Beazly, Samuel, *esquire*
Beckford, William, *esquire*, M. P.
Bedford, duque de
Bedford, duquesa de
Beech, M. H., *esquire*, M. P.
Beechey, *sir* William, baronete
Belasyse, *lady* Charlotte Wynne
Bell, reverendo doutor
Bell, senhora

Bellhaven, lorde
Belvidere, conde de
Bennett, R. H. A., *esquire*, M. P.
Bennett, senhora
Bennett, senhorita
Bentinck, *lady* Mary
Bentinck, lorde W. C. C.
Bentley, senhora
Bentley, senhorita
Benyon, Richard, *esquire*, M. P.
Beresford, J. C., *esquire*, M. P.
Berkeley, conde de
Berkeley, honorável almirante, M. P.
Bernar, senhorita
Bernard, Fred., *esquire*, bibliotecário de Sua Majestade
Bernard, S., *esquire*, M. P.
Bernard, senhora
Bernard, Thomas, *esquire*, M. P.
Bernard, visconde de
Berne, Snowdown, *esquire*, M. P.
Berwick, Calverly, *esquire*, M. P.
Berwick, lorde
Berwick, William, *esquire*
Besborough, conde de
Best, George, *esquire*
Bethworth, senhora
Beverly, conde de
Beysor, senhora
Bicknell, senhora
Biddulph, R. M., *esquire*, M. P.
Bidlake, reverendo senhor
Bigge, Edward, *esquire*
Bigot, senhora

Billingsley, Edward, *esquire*
Binning, lorde
Binns, senhora
Birch, James, *esquire*
Birch, senhora
Bird, senhora
Bishop, senhora
Bissett, senhora
Blachford, B. P., *esquire*, M. P.
Blackburne, John, *esquire*, M. P.
Blackburne, Jonathan, *esquire*, M. P.
Blackman, senhora A.
Blackstock, senhora
Blair, coronel
Blair, Joseph, *esquire*
Blake, senhora
Blanch, senhora
Blandford, marquês de
Blantyre, lorde
Blaquiere, lorde
Blathwaite, senhora
Blond, senhora
Blunt, *lady*
Boddington, Samuel, *esquire*
Boldero, senhora
Bolingbroke, lorde
Bolton, lorde
Bonham, H., *esquire*, M. P.
Bonsoy, senhora
Bootle, E. W., *esquire*
Bootle, senhora Wilbraham
Borringdon, *lady*
Borringdon, lorde
Boscawen, honorável senhorita

Boston, lorde
Bosville, William, *esquire*
Bourgeois, *sir* Francis, baronete
Bourne, Wm. Sturges, *esquire*, M. P.
Bouverie, *lady* B.
Bowby, *lady* Mary
Bowyer, *sir* George, baronete, M. P.
Boyce, senhora
Boyde, viúva Lady
Boyde, senhora
Boyle, David, *esquire*, M. P.
Boyle, lorde
Boys, Edward, *esquire*, M. D.
Bracken, reverendo Thomas
Bradford, lorde
Bradley, senhora
Bradney, Joseph, *esquire*
Bradshaw, honorável A. C., M. P.
Bradshaw, R. H., M. P.
Braham, Philip, *esquire*
Brand, honorável T., M. P.
Brand, senhora
Brandling, C. J., *esquire*, M. P.
Breadalbane, conde de
Bridges, senhora
Bridgewater, conde de
Bridport, visconde de
Bristol, conde de
Bristow, senhora
Brocas, senhora
Broderick, honorável William, M. P.
Broderick senhorita

Brogden, James, *esquire*, M. P.
Broke, lorde Willoughby de
Bromley, *lady*
Brooks, senhora
Broughton, *lady*
Brown, R. hon. D., M. P.
Browne, Anthony, *esquire*, M. P.
Browne, J. H., *esquire*, M. P.
Browne, senhora
Browney, senhora
Brownlow, lorde
Brownlow, William, *esquire*, M. P.
Bruce, lorde
Buchan, conde de
Buchannan, senhora
Buckingham, marquês de
Buckinghamshire, conde de
Bucklay, senhora
Buller, contra-almirante *sir* Edward
Buller, James, *esquire*, M. P.
Buller, *lady*
Buller, senhora
Bunbury, *sir* T. C., baronete, M. P.
Burgess, *lady* Smith
Burghersh, lorde
Burgoyne, *lady*
Burne, senhorita
Burnet, senhora
Burrell, *sir* C. M., baronete, M. P.
Burton, Francis, *esquire*, M. P.
Bute, marquês de
Butler, honorável James, M. P.
Butler, senhora

105

Buxton, senhora
Byng, senhorita

Cadogan, conde de
Caernarvon, conde de
Caithness, conde de
Calcraft, John, *esquire*, M. P.
Calder, *lady*
Callan, lorde
Callett, senhora
Calthorpe, lorde
Calvert N., *esquire*, M. P.
Calvert, John, *esquire*, M. P.
Camden, conde de
Campbell A., *esquire*, M. P.
Campbell, *lady* C.
Campbell, *lady* John
Campbell, vice-almirante
Canning, senhorita
Canterbury, Sua Excelência Reverendíssima o arcebispo de
Carbery, lorde
Carbonell, senhora
Cardigan, conde de
Carew, *Right* hon. R. P., M. P.
Carey, senhora
Cargill, senhora
Carhampton, conde de
Carleton, visconde de
Carnac, senhora Revett
Carnaville, madame
Carpenter, honorável senhora
Carrett, senhora
Carrick, conde de
Carrington, lorde

Carter, senhora
Carter, senhorita
Carter, Thomas, *esquire*, M. P.
Carteret, lorde
Cartwright, senhorita
Cartwright, W. R., *esquire*, M. P.
Cary, senhorita
Cassilis, conde de
Castlereagh, visconde de
Caswall, senhorita
Cathcart, lorde
Cave, senhorita
Cavendish, lorde G. A. H.
Cawdor, lorde
Cay, senhora
Chambers, *lady*
Chambers, senhora
Chandos, viúva de
Chandos, viúva duquesa de
Chaplin, Charles, *esquire*, M. P.
Chaplin, senhora
Charlemont, conde de
Charleville, conde de
Chase, senhorita
Chawner, senhora
Cherry, senhora
Chesmer, senhora
Chesterfield, conde de
Chetwynd, visconde de
Chichester, conde de
Chistney, madame
Cholmondeley, Thomas, *esquire*, M. P.
Chomley, senhora
Churchill, senhora

Chute, William, *esquire*, M. P.
Clair, St. senhora
Clancarty, conde de
Clanmorris, lorde
Clanrickard, conde de
Clare, conde de
Claremont, viúva condessa de
Clarendon, conde de
Clarina, lorde
Clark, Thomas, *esquire*
Clavering, viúva *lady*
Clements, H. J., *esquire*, M. P.
Clephane, David, *esquire*, M. P.
Clifden, visconde de
Cliffork, lorde
Clinton, general W. H., M. P.
Clinton, lorde
Clive, Henry, *esquire*, M. P.
Clive, lorde
Clive, senhora
Clive, William, *esquire*
Clonbrock, lorde
Cloncurry, visconde de
Cockburne, reverenedo senhor
Cockerill, Charles, *esquire*
Cocks, honorável E. C., M. P.
Cocks, James, *esquire*, M. P.
Codrington, Christ, *esquire*, M. P.
Coghill, *lady*
Coke, D. P., *esquire*, M. P.
Coke, T. W., *esquire*, M. P.
Colborne, N. W. R., *esquire*, M. P.
Colcraine, lorde
Cole, honorável G. L., M. P.

Colquhoun, Arquibald, *esquire*, M. P.
Colville, lorde
Conyngham, conde de
Cook, Bryan, *esquire*, M. P.
Cook, Edward, *esquire*, M. P.
Cooper, Coronel E. S., M. P.
Cooper, honorável C. A., M. P.
Cooper, tenente-coronel
Cotes, John, *esquire*, M. P.
Cotterell, *sir* J. G., baronete, M. P.
Cotton, S., *esquire*, M. P.
Courtney, visconde de
Courtown, conde de
Courts, tenente John, R. N.
Coventry, conde de
Cowper, conde de
Cowper, honorável E. S., M. P.
Craig, James, *esquire* M. P.
Cranston, lorde
Crauford, general C., M. P.
Craven, conde de
Crawford, conde de
Creevey, Thomas, *esquire*, M. P.
Cremorne, visconde de
Crewe, lorde
Crickett, R. A., *esquire*, M. P.
Cripps, T., *esquire*, M. P.
Croker, *Right* honorável J. W., M. P.
Crutchley, senhora
Cthbert, J. R., *esquire*
Cuffe, *Right* honorável J. O.
Currie, senhorita
Curry, honorável C. S., *esquire*, M. P.

Curtis, senhora
Curwen, J. C., *esquire*, M. P.
Curzon, honorável Robert, M. P.
Cussans, senhora
Cuthbert, T. R., *esquire*

D'Oyly, senhora
Dadley e Ward, visconde de
Dalhousie, conde de
Dallas, senhora E.
Dalrymple, senhora
Dalrymple, senhorita
Daly, James, *esquire*, M. P.
Daly, *Right* honorável D. B., M. P.
Damer, honorável senhora
Damer, senhora L.
Daniel, R. A., *esquire*, M. P.
Darby, senhora
Darlington, conde de
Dartmowth, conde de
Dashwood, senhora
Dashwood, *sir* H. W., baronete, M. P.
Dauconberg, visconde de
Davenport, Davies, *esquire*, M. P.
Davidson, senhora
Davies, senhora
Davis, R. H., *esquire*, M. P.
Davis, senhora
Davis, senhora T. H.
Davis, senhorita
Davison, senhora
Dawkins, H. S., *esquire*
Dawkins, James, *esquire*, M. P.
Dawkins, *lady* T.

Day, senhora
De Berrenger, senhora
De Crawford, senhora
De Dunstanylle, lorde
De Hayny, senhora
De Vesey, visconde de
Debrett, senhora
Deed, William, *esquire*, M. P.
Delaware, conde de
Delvin, visconde de
Dengbigh, conde de
Denison, John, *esquire*, M. P.
Dennis, senhora
Dent, John, *esquire*, M. P.
Depre, James, *esquire*, M. P.
Desborough, senhora
Deverelt, Robert, *esquire*
Devis, senhora
Dickens, senhora
Dickson, senhora
Digby, conde de
Dillon, honorável H. A., M. P.
Disbrow, Edward, *esquire*, M. P.
Dobson, senhora
Dofferin, lorde
Donalley, lorde
Doncaster, conde de
Donegal, marquês de
Doneraile, visconde de
Donoughmore, conde de
Dorchester, lorde
Dormer, lorde
Dorset, duquesa de
Doughty, senhora
Douglas, *lady*

Douglas, lorde
Douglas, lorde John
Douglas, senhora
Dowden, senhora
Dowdeswell, senhorita
Dowding, senhora
Downe, visconde de
Downe, viscondessa de
Downshire, marquesa de
Drake, senhora
Drake, T. D. T., *esquire*, M. P.
Drummond, senhora
Drynen, *lady*
Ducie, lorde
Duckett, *sir* George, baronete, M. P.
Dugdale, D. D. S., *esquire*, M. P.
Duignan, *Right* honorável P., M. P.
Dumfries, conde de
Duncan, *lady*
Duncan, visconde de
Dundas, Charles, *esquire*, M. P.
Dundas, honorável Laurence, M. P.
Dundas, lorde
Dunmore, conde de
Dunsany, lorde
Dupont, senhora
Dusart, conde de
Dyatt, senhora
Dyer, senhora
Dysart, condessa de

Eden, senhora
Eden, honorável W. F., M. P.
Edgar, Thomas, *esquire*, M. P.

Edlin, senhora
Edmondston, senhora
Edwards, senhora
Effingham, conde de
Egerton, John, *esquire*, M. P.
Egerton, senhora
Eglington, conde de
Egmont, conde de
Egremont, conde de
Eldridge, senhora
Elgin, conde de
Elibank, lorde
Ellerker, senhorita
Ellice, William, *esquire*, M. P.
Elliot, major-general, R. M.
Elliott, lorde
Elliott, *Rigth* honorável William, M. P.
Elliott, senhora
Ellis, C. R., *esquire*, M. P.
Ellis, senhorita
Elliston, Richarde, *esquire*, M. P.
Elphinstone, major-general lorde
Elphinstone, senhorita
Ely, marquês de
Emanuel, senhor
Emanuel, senhora
England, tenente-general
Enniskellen, conde de
Erne, conde de
Errol, conde de
Erskine, John, *esquire*
Erskine, *lady* M.
Erskine, lorde
Esdaile, senhora

Essex, conde de
Essex, condessa de
Estcourt, T. G., *esquire*, M. P.
Eston, senhora
Evelyn, Lyndon, *esquire*, M. P.
Evelyn, senhorita
Everett, T., *esquire*, M. P.
Ewart, senhora
Ewer, senhora
Exeter, marquesa de
Exetor, senhorita
Exley, senhora
Eyres, senhorita

Fagan, senhora
Fainshaw, John, *esquire*
Fairfield, senhora
Falmouth, conde de
Falmouth, visconde de
Fane, coronel Henry, M. P.
Fane, honorável coronel John, M. P.
Fane, John, *esquire*, M. P.
Farmer, senhora
Farmer, W. M., *esquire*, M. P.
Farquhar, James, *esquire*, M. P.
Farquhar, senhora
Farrant, George, *esquire*
Farrar, senhora
Farrel, senhora
Farrer, senhora
Fauconberg, condessa de
Faukner, senhorita
Fawcett, John, *esquire*
Fearon, senhorita
Fellowes, honorável Newton, M. P.

Fellows, senhora
Fellows, V. H., *esquire*, M. P.
Ferguson, James, *esquire*, M. P.
Fergusson, major-general R. C., M. P.
Fermanagh, condessa de
Ferrers, conde de
Fetherson, *sir* Tho., baronete, M. P.
Fife, conde de
Finch, *lady*
Fingal, conde de
Firtzgerald, Augustus, *esquire*, M. P.
Fisher, senhora
Fitaroy, senhora
Fitzgerald, *lady* Mary
Fitzgerald, lorde Henry, M. P.
Fitzgerald, *Right* honorável M., M. P.
Fitzgerald, senhorita
Fitzgerald, William, *esquire*, M. P.
Fitzharris, lorde
Fitzhugh, William, *esquire*, M. P.
Fitzroy, general, M. P.
Fitzroy, lorde Charles
Fitzroy, lorde William
Fitzwilliam, conde de
Fitzwilliam, Dady F.
Fitzwilliam, *lady* Anne
Fleming, honorável Charles, M. P.
Fleming, *lady* Diana
Fleming, senhora
Fleming, viúva *lady*
Fletcher, senhora

Flower, honorável senhorita
Foley, honorável A., M. P.
Foley, lorde
Foley, Thomas, *esquire*, M. P.
Folkes, *sir* M., baronete, M. P.
Folkstone, visconde de
Fonnerean, senhorita
Forbes, senhora
Forbes, visconde de, M. P.
Ford, *lady*
Ford, senhora
Forrester, Cecil, *esquire*, M. P.
Forster, honorável T. H., M. P.
Forsyth, senhora
Fortescne, *lady*
Fortescue, conde de
Foster, J. L., *esquire*, M. P.
Foster, Right, honorável John, M. P.
Foulkes, E., *esquire*, M. P.
Fox, honorável senhora
Fox, senhorita
Fraakland, senhora
Frankfort, lorde
Franklin, senhora
Franklin, senhora P.
Franks, senhora
Fraser, James, *esquire*
Fraser, senhora
Fraser, tenente-general A. M., M. P.
Frederick, senhora
Freemantle, W. H., *esquire*, M. P.
French, A., *esquire*, M. P.
French, lorde

French, senhorita
Frodsham, senhora
Frost, senhor William, 3 exemplares
Fulford, senhora
Fuller, John, *esquire*, M. P.
Fuller, senhora
Furge, senhora
Fydell, Thomas, *esquire*, M. P.
Fynes, Henry, *esquire*, M. P.

Gage, honorável senhora
Gage, visconde de
Gagnon, senhorita
Gallamore, senhora
Galloway, conde de
Galloway, viúva condessa de
Gamon, *sir* Richard, baronete, M. P.
Gapper, senhora
Gardner, *lady*
Gardner, lorde
Garforth, senhorita
Garlies, lorde
Garrett, senhora
Gascoyne, tenente-general J., M. P.
Gassett, senhora
Gaudy, reverendo doutor
Gaurdiz, senhora
Gawler, senhor J. L.
Gehot, senhora
Gell, P., *esquire*, M. P.
Gell, senhora
Gemmeli, senhora

111

George, senhora
Georges, senhora
Gerrard, *lady*
Gibbs, senhora
Gibbs, *sir* Vigário, cavaleiro, M. P.
Gibson, senhora
Giddy, Davies, *esquire*
Giffard, capitão J. R. N. C.
Giffard, senhora
Giles, Daniel, *esquire*
Gill, *lady*
Gill, senhora
Gimn, senhorita
Gipps, George, *esquire*, M. P.
Glandore, conde de
Glasgow, conde de
Glasse, reverendo doutor
Glassford, H., *esquire*
Glastonhury, lorde
Glenbervie, lorde
Gliddon, senhorita
Glode, *lady*
Glynne, *lady*
Glynne, viúva *lady*
Goddard, Thomas, *esquire*, M. P.
Godfrey, Thomas, *esquire*, M. P.
Goldsworthy, senhorita
Gooch, T. S., *esquire*, M. P.
Goodenough, senhora
Goodwin, senhora
Goolhurn, Henry, *esquire*, M. P.
Gordon, Charles, *esquire*
Gordon, duque de
Gordon, James, *esquire*, M. P.
Gordon, senhora
Gordon, senhorita
Gordon, William, *esquire*, M. P.
Gore, senhora J.
Gosling, senhora
Gough, senhorita
Gouldsmith, senhorita
Gow, senhora
Gower, conde de
Gower, lorde G. L.
Gower, senhorita, L.
Gowland, senhora
Gowring, senhorita
Grace, senhora
Graham, conde de
Graham, senhora T.
Graham, *sir* James, baronete, M. P.
Granard, condessa de
Grant, G., *esquire*, M. P.
Grant, senhora
Grant, senhorita
Grant, *sir* Wm., baronete, 3 exemplares
Grant, T. W., *esquire*, M. P.
Grantham, lorde
Grantham, viúva *lady*
Grantley, lorde
Grattan, honorável Henry, M. P.
Graves, honorável senhora
Graves, senhora
Gray, senhora
Greaves, senhora
Green, senhora
Green, senhorita
Green, *sir* Charles, baronete
Greenfell, P., *esquire*, M. P.

Greenhill, Robert, *esquire*, M. P.
Greenough, C. B., *esquire*, M. P.
Greenough, senhora
Greenville, general
Grey, honorável W. B., M. P.
Grey, viúva condessa de
Grieve, senhorita
Grimston, honorável senhorita
Grimston, senhorita
Grimston, visconde de
Grosvenor, conde de
Grosvenor, tenente-general, M. P.
Guernsey, lorde
Guildford, conde de
Guydick, senhora Francis
Gwydir, lorde
Gwyn, senhora
Gyles, J. F., *esquire*

Haddington, conde de
Hadson, senhorita
Haggerston, senhorita
Hales, senhorita
Halhed, senhora
Hall, Benjamim, *esquire*, M. P.
Hall, senhora
Hall, *sir* James, baronete, M. P.
Hallam, senhora
Halsey, Joseph, *esquire*
Hamilton, almirante *sir* C., M. P.
Hamilton, *lady*
Hamilton, lorde arcebispo, M. P.
Hamilton, lorde C., M. P.
Hamilton, senhora
Hamilton, senhorita

Hamilton, visconde de
Hamilton, Hans, *esquire*, M. P.
Hammett, J., *esquire*, M. P.
Hammond, senhorita
Hanbury, senhora
Hancocks, reverendo senhor
Hankey, senhora
Harboard, honorável W. A., M. P.
Harborough, conde de
Harburton, visconde de
Harcourt, conde de
Hardwick, conde de
Hardy, senhora
Hardy, senhorita
Hare, senhora
Harewood, lorde
Haring, senhora
Harley, honorável senhora
Harrington, conde de
Harrison, senhora
Harrowby, lorde
Hartwell, senhora
Harvey, senhora
Hassan, Sua Excelência Mirza Abul, embaixador da Pérsia
Hatsell, major William
Hatton, *lady*
Hawardeu, lorde
Hawke, lorde
Hawker, coronel
Hawker, senhor reverendo
Hawley, *sir* Henry, baronete
Hay, senhora
Headfort, marquês de
Headley, *lady*

Headley, lorde
Hearthcott, T. F., *esquire*, M. P.
Heathcott, viúva *lady*
Heathfield, lorde
Heber, senhorita
Hemiiker, lorde
Hemp, senhora
Henderson, Anthony, *esquire*
Heneage, senhora
Henley, senhorita
Henry, senhorita
Herbert, H. A., *esquire*, M. P.
Herbert, honorável Charles, M. P.
Hereford, visconde de
Heron, *lady*
Heron, Peter, *esquire*, M. P.
Heron, senhora
Hervey, viúva *lady*
Hibbert, George, *esquire*, M. P.
Hibbert, senhora
Hibbert, senhora T.
Hicks, senhora
Hill, honorável William, M. P.
Hill, senhora
Hill, *sir* G. F. Burt., M. P.
Hinchingbrooke, lorde
Hinchliffe, senhora
Hobhonse, Benjamin, *esquire*, M. P.
Hodges, senhora
Hodgson, senhora
Hodgson, senhorita
Hodson, Jolm, *esquire*, M. P.
Holcrott, senhora

Holdsworth, A. H., *esquire*, M.P.
Holland, Edward, *esquire*
Holland, senhora
Holland, *sir* Nath., baronete, M. P.
Hollaud, lorde
Holles, senhora
Hollingbury, senhora
Holmes, L. T. W., *esquire*, M. P.
Holmes, senhor George
Holmes, William, *esquire*, M. P.
Home, conde de
Honywood, Wm., *esquire*, M. P.
Hood, senhora
Hoode, visconde de
Hope, honorável major-general A., M. P.
Hope, honorável major-general C., M. P.
Hope, Robert, *esquire*, doutor em Medicina
Hope, W. J., *esquire*, M. P.
Hopetown, conde de
Hopley, senhora A.
Hornby, senhora
Horner, Francis, *esquire*, M. P.
Horrocks, Samuel, *esquire*, M. P.
Hort, senhora
Houblon, senhora
House, senhora
Houson, senhora
Howard de Walden, conde de
Howard, Henry, *esquire*, M. P.
Howard, honorável F. G., M. P.
Howard, honorável William, M. P.
Howard, senhora

Howard, senhora
Howe, honorável senhora C.
Howell, senhora
Hughan, Thomas, *esquire*, M. P.
Hughes, W. L., *esquire*, M. P.
Hume, sir A. Bart., M. P.
Hume, W. H., M. P.
Hunt, Joseph, M. P.
Hunter, Thos. Orlby, *esquire*
Huntingfield, lorde
Hurst, Robert, *esquire*, M. P.
Husband, senhora
Huskisson, William, *esquire*, M. P.
Hussey, Thomas, *esquire*, M. P.
Hussey, William, *esquire*, M. P.
Hutchinson, honorável C. H., M. P.
Hutchinson, tenente-general lorde
Hutton, senhora
Hyde, senhora
Hyndford, conde de

Ilchester, conde de
Ilchester, condessa de
Illinwerth, R. S., *esquire*
Ingiby, sir Wnt., baronete
Ingram, senhora
Innes, James, *esquire*
Iremonger, senhora
Iremonger, senhorita
Ironside, senhora
Irving, John, *esquire*
Ivory, P., *esquire*

Jackson, J., *esquire*, M. P.
Jackson, J., *esquire*, M. P.
Jackson, senhora
Jackson, senhor John e acompanhantes
Jacob, William, M. P.
Jekyll, Joseph, *esquire*
Jenkinson, Charles, *esquire*, M. P.
Jenkinson, honorável C. C., M. P.
Jennings, senhorita
Jephson, Denham, *esquire*, M. P.
Jersey, conde de
Jocelyn, honorável J. M. P.
Jodrell, H., *esquire*
Johnes, Thomas, *esquire* M. P.
Johnson, *lady* Cecília
Johnson, senhora
Johnson, senhora M.
Johnstone, sir G., baronete, M. P.
Jolliffe, H., *esquire*, M. P.
Jones, Gilbert, *esquire*
Jones, Joseph, *esquire*
Jones, Richard, *esquire*
Jones, Sir Thomas, baronete, M. P.
Jones, Walter, *esquire*, M. P.
Jones, William, *esquire*

Keane, sir John, baronete, M. P.
Keck, G. A. L., *esquire*, M. P.
Keene, Whitshed, *esquire*, M. P.
Keith, lorde
Keith, senhora M.
Kellie, conde de
Kemp, Thomas, *esquire*, M. P.
Kennedy, lorde

Kenrick, William, *esquire*
Kensington, lorde, M. P.
Kerr, lorde
Kerry, conde de
Kilmain, lorde
King, lorde
King, *sir* J. Dashwood, baronete, M. P.
King, Thomas, *esquire*
Kinght, almirante
Kingston, John, *esquire*, M. P.
Kinnaird, lorde
Kinsale, lorde
Knapp, George, *esquire*, M. P.
Knatchbull, *sir* Edw., baronete, M. P.
Knox, honorável Thomas, M. P.
Kynaston, J. Powell, *esquire*, M. P.
Kynnion, W., *esquire*

Laing, M., *esquire*, M. P.
Lamb, honorável William, M. P.
Lambton, R. J., *esquire*, M. P.
Lane, John, *esquire*
Lanesborough, conde de
Langford, lorde
Langham, *lady*
Langton, John, *esquire*
Langton, W. Gone, *esquire*, M. P.
Lansdown, marquês de
Lascelles, honorável E., M. P.
Lascelles, honorável Henry, M. P.
Latonche, David, *esquire*, M. P.
Latouche, Robert, *esquire*, M. P.
Le Despencer, lorde

Leach, John, *esquire*, M. P.
Lee, *lady* Elizabeth
Leeds, duque de
Leeds, duquesa de
Lefevre, C. Shaw, *esquire*, M. P.
Leig, general Charles
Leigb, J. H., *esquire*
Leigh, John, *esquire*
Leigh, R. H., *esquire*, M. P.
Leinster, duquesa de
Leitrim, conde de
Leitrim, viúva condessa de
Lemon, Charles, *esquire*, M. P.
Lemon, John, *esquire*, M. P.
Lemon, *sir* William, baronete, M. P.
Lennox, conde de
Leslie, C. P., *esquire*, M. P.
Leslie, senhora
Lestor, B. L., *esquire*, M. P.
Lethbride, T. B., *esquire*, M. P.
Levett, senhora
Lewis, senhora
Leycester, Hugh, *esquire*, M. P.
Lichfield e Coventry, bispo de
Lifford, reverendo visconde de
Limerick, conde de
Lincoln, bispo de
Lincoln, viúva condessa de
Lindsay, conde de
Lisle, senhora
Lismore, condessa de
Lismore, lorde
Llaudaff, conde de
Lloyd, senhora

Lloyd, senhorita
Lloyde, J. Martin, *esquire*, M. P.
Loath, lorde
Lobb, senhor William
Locale, lorde
Lockhart, *sir* A. M., baronete
Lockhart, W. E., *esquire*, M. P.
Lockwood, senhora C.
Lockwood, senhorita
Lodington, major, R. M.
Loffus, William, *esquire*, M. P.
Lolven, *señora*
Long, *lady* Tilney
Long, Richard, *esquire*, M. P.
Long, *Right* honorável Charles, M. P.
Longe, Francis, *esquire*
Longfield, M., *esquire*, M. P.
Longford, visconde de
Lonsdale, conde de
Looyd, Hardrass, *esquire*, M. P.
Lott, J. H., *esquire*, M. P.
Lougtiman, Andrew, *esquire*
Lovaine, lorde
Lovedon, E. L., *esquire*, M. P.
Lowther, James, *esquire*, M. P.
Lowther, John, *esquire*, M. P.
Lowther, visconde de
Loyd, *sir* E. P., baronete
Lubbock, *sir* John, baronete, M. P.
Lucan, conde de
Luckhart, J. Ingran, *esquire*, M. P.
Ludlow, lorde
Lusbington e Maver, senhores
Lushington, *sir* R., *esquire*, M. P.
Lutonche, John, *esquire*, M. P.

Lutouche, John, *esquire*, M. P.
Luttrell, J. F., *esquire*, M. P.
Lygon, honorável W. Beauchamp, M. P.
Lyte, senhora
Lyttleton, honorável W. H., M. P.
Lyttleton, *lady*
Lyttleton, lorde

M'Cleod, R. B. C., *esquire*, M. P.
M'Donald, James, *esquire*, M. P.
M'Dowall, W., *esquire*, M. P.
M'Kenzie, major-general J. R., M. P.
Macclesfield, conde de
Mackenzie, J., *esquire*
Maddocks, W. A., *esquire*
Magenis, J., *esquire*, doutor em Medicina
Magens, M. D., *esquire*, M. P.
Mahon, visconde de
Maitlan, E. F., *esquire*, M. P.
Maitlan, John, *esquire*, M. P.
Malmesbury, conde de
Manners, *lady* Louisa
Manners, lorde
Manners, lorde C. S.
Manners, lorde Robert
Manners, tenente-general Robert, M. P.
Manning, William, *esquire*, M. P.
Mansfield, conde de
Mansfield, condessa de
Manuers, *lady* R.
Manvers, conde de

Markham, contra-almirante, M. P.
Marryantt, Joseph, *esquire*, M. P.
Martin, Hen, *esquire*, M. P.
Martin, John, *esquire*
Martin, Richard, *esquire*, M. P.
Marton, T. & R., senhores
Masarene, conde de
Massey, lorde
Matthew, honorável Montague, M. P.
Maule, honorável W. R., M. P.
Maxwell, *sir* J. S. H., baronete, M. P.
Maxwell, tenente-coronel W. Jun., M. P.
Maxwell, tenente-general W., M. P.
May, Edward, *esquire*, M. P.
Mc. Donald, lorde barão
Mc. Donald, E., *esquire*
Mc. Donald, lorde
Mc. Mahon, John, *esquire*
Mc. Naghten, E. A., *esquire*, M. P.
Mead, honorável John, M. P.
Meecher, W. P. & C., senhores
Melbourne, visconde de
Mellish, William, *esquire*, M. P.
Merrington & Golding, senhores
Mexboroug, conde de
Meyer, James, *esquire*
Meyrick, O. P., *esquire*, M. P.
Middlenton, lorde
Middleton, senhorita
Middleton, visconde de
Middleton, viúva *lady*

Milbank, *sir* Ralph, baronete, M. P.
Milford, lorde
Miller, *sir* Thomas, baronete, M. P.
Mills, Charles, *esquire*, M. P.
Mills, William, *esquire*, M. P.
Milltown, conde de
Milner, *sir* W., baronete, M.P.
Milnes, R. P., *esquire*, M.P.
Milton, visconde de
Mingay, senhores e acompanhantes
Minier, Charles, *esquire*
Minier, William, *esquire*
Mino, senhores e acompanhantes
Molesworth, *lady*
Moncton, honorável E., M. P.
Monk, visconde de
Monson, lorde
Monson, viúva *lady*
Montague, lorde
Montague, Matthew, *esquire*, M. P.
Montgomere, *sir* J., baronete, M. P.
Montgomerie, lorde
Montgomerie, *sir* H. C., baronete, M. P.
Montrose, duque de
Moore, Charles, *esquire*, M. P.
Moore, lorde Henry
Moore, Peter, *esquire*, M. P.
Mordaunt, *sir* C. Bart., M. P.
Morgan, *sir* C. Bart., M. P.
Morpeth, visconde de
Morsis, Edward, *esquire*, M. P.

Mortimir, conde de
Morton, conde de
Mosley, *sir* O., baronete, M. P.
Mostyn, *sir* T., baronete, M. P.
Moufort, lorde
Mount Edgecumb, conde de
Mount Sandford, lorde
Mountjoy, visconde de
Muncaster, lorde
Munday, E. M., *esquire*, M. P.
Munro, Thomas, *esquire*, doutor em Medicina
Murray, *sir* P. Bart., M. P.
Murray, T., *esquire*, M. P.
Murris, Robert, *esquire*, M. P.
Murtay, lorde James
Muspratt, John, *esquire* M. P.

Naden, senhora
Napier, lorde
Neave, senhor R.
Neave, senhor T.
Needham, honorável G. F., M. P.
Nelson, reverendo conde duque de Bronte
Nepean, *Right* honorável *sir* Evan, baronete
Nevil, R. *esquire*
Neville, honorável R.
Newark, visconde de
Newcastle, duque de
Newcastle, viúva duquesa de
Newport, *Right* honorável *sir* J., baronete, M. P.

Nicholl, *Right* honorável *sir* John, M. P.
Nixon, J. R., *esquire*
Nodin, John, *esquire*
Noel, coronel C. N., M. P.
Norbury, lorde
Norfolk, duque de
Normanton, conde de
Norris & Swanzry, senhores
North, Dudley, *esquire*
Northampton, conde de
Northesk, conde de, vice-almirante
Northey, William, *esquire*, M. P.
Northland, visconde de
Northwick, lorde
Norton, honorável G. C., M. P.
Norwich, conde de
Nowich, bispo de
Nugent, senhora
Nugent, *sir* George bart.
Nutting & Filho, senhores

O'Brien, *sir* E., baronete, M. P.
O'Callaghan, James, *esquire*, M. P.
O'Hara, Charles, *esquire*, M. P.
O'Neil, conde de
O'Neil, honorável J. R. B., M. P.
Oakley, Holmes, senhor e acompanhantes
Odell, W., *esquire*, M. P.
Oglander, *sir* W., baronete
Ogle, J. E., *esquire*
Ongley, *lady*
Onslow, conde de
Onslow, honorável T. C.

119

Orde, almirante *sir* J., baronete, M. P.
Orde, William, *esquire*, M. P.
Orford, conde de
Ormond e Ossory, conde de
Ormond e Ossory, condessa de
Osulton, lorde
Owen, *lady*
Owen, *sir* Hugh, baronete, M. P.
Oxford, conde de

Pager, lorde
Paget, honorável Berkeley
Paiason, Robert, *esquire*
Pakenhm, honorável A. R., M. P.
Palk, *sir* Lawrence, baronete, M. P.
Palk, Walter, *esquire*
Palmer, Charles, *esquire*
Palmer, Thomas, *esquire*
Palmerston, visconde de
Parkins, Edward, *esquire*
Parkinson & Wilson, senhores
Parnell, Henry, *esquire*, M. P.
Paterson, N. & J., senhores
Patinson, John, *esquire*, M. P.
Patten, Peter, *esquire*
Payne, E. R., senhor e acompanhantes
Pears, senhor e acompanhantes
Pedley, John, *esquire*, M. P.
Peele, *sir* Robert baronete
Pelham, honorável G. A., M. P.
Pelham, honorável C. A., M. P.
Pembroke, conde de
Pepys, *sir* Lucas, baronete

Pepys's, *sir* W.W., baronete
Percy, honorável Jocelyn
Perez, J. M., *esquire*
Pery, *lady*
Peterborough, conde de
Pether, John, *esquire*
Petre, lorde
Petre, viúva *lady*
Phillimore, senhora
Phillippin, W., senhor e acompanhantes
Phillips, R. M., *esquire*, M.P.
Pierce, Henry, *esquire*, M. P.
Piggott, *sir* Arthur, baronete
Pinkerton, T., *esquire*
Pitt, W. M., *esquire*, M. P.
Plummer, William, *esquire*
Plymouth, conde de
Pochin, Charles, *esquire*
Pocock, George, *esquire*
Pocock, senhora
Pocock, senhorita
Pole, almirante *sir* C. M., baronete, M. P.
Polfington, lorde
Pollington, *lady*
Pomfret, conde de
Pomfret, condessa de
Ponnel, R., senhor e acompanhantes
Ponsonby, honorável F., M. P.
Ponsonhy, honorável George, M. P.
Ponsonhy, lorde
Porcher, I. D., *esquire*, M. P.
Porchester, lorde

Porter, major-general, M. P.
Portland, duque de
Portland, duque de (falecido)
Portman, E. B., *esquire*
Portmore, conde de
Potsmouth, conde de
Potsmouth, viúva condessa de
Potter, Samuel, *esquire*
Powell, John Kynaston, *esquire*, M. P.
Power, R., *esquire*, M. P.
Powerscourt, visconde de
Powis, conde de
Powis, condessa de
Powlott, conde de
Preston, R., *esquire*
Preston, senhora
Price, Richard, *esquire*, M. P.
Prime, Samuel, *esquire*
Primrose, visconde de
Prittle, honorável F. A., M. P.
Pryon & Dollin, senhores
Pusey, honorável Ralph
Pusey, *lady* Anne
Pym, Francis, *esquire*

Quin, honorável W. H., M. P.

Radnor, conde de
Radstock, lorde
Railton, Harvey, senhor e acompanhantes
Rainer, J. S., *esquire*, M. P.
Ram, Abel, *esquire*, M. P.
Ramsbottom, R., *esquire*, M. P.

Redesdale, lorde
Reynolds, R. I. & I., senhores
Ribbesdale, lorde
Richardson, William, *esquire*, M. P.
Richmond, Sua Excelência duque de
Ridley, *sir* M. W., baronete, M. P.
Rivers, lorde
Robarts, Abraham, *esquire*, M. P.
Robinson, honorável F., M. P.
Robinson, John, *esquire*, M. P.
Rochford, conde de
Rochfort, Gustavus, *esquire*, M. P.
Roden, conde de
Rodney, *lady* Ann
Rodney, lorde
Rokeby, lorde
Rolle, lorde
Roscommon, conde de
Rose, general
Roseberry, conde de
Ross, conde de
Rosslyn, conde de
Rosslyn, condessa de
Rous, lorde
Ruspini, Chevalier
Russel, Mathew, *esquire*, M. P.
Russell, lorde William, M. P.
Rutherford, Jolin, *esquire*, M. P.
Ruthyn, Grey de, lorde
Rutland, viúva duquesa de
Ryder, *Right* honorável Richard, M. P.

Sackville, visconde de
Salisbury, marquês de
Salmon, senhor James
Salton, *lady*
Saltown, lorde
Salusbury, *sir* Robert, baronete
Satnhope, W. S., *esquire*, M. P.
Savage, Francis, *esquire*, M. P.
Saville, Albany, *esquire*, M. P.
Say e Sele, lorde
Scarborough, conde de
Scarsdale, lorde
Scott, Claude, *esquire*, M. P.
Scott, *Rigth* honorável *sir*, Wm., M. P.
Scudamore, R. P., *esquire*, M. P.
Seaforth, lorde
Selkirk, conde de
Selsea, lorde
Semple, lorde
Shaftsbury, conde de
Shannon, conde de
Shaw, Robert, *esquire*, M. P.
Sheffield, lorde
Sheldon, Ralph, *esquire*, M. P.
Shelley, Henry, *esquire*, M. P.
Shelley, Timothy, *esquire*, M. P.
Shelson, senhor E.
Sherborne, lorde
Shipley, William, *esquire*, M. P.
Shrewsbury, conde de
Simpson, George, *esquire*, M. P.
Simpson, honorável John, M. P.
Sinclair, *sir* John, baronete, M. P.
Sinclair, visconde de

Singleton, M., *esquire*, M. P.
Skipwith, *lady*
Sligo, marquês de
Smith, George, *esquire*, M. P.
Smith, Henry, *esquire*
Smith, Joshua, *esquire*, M. P.
Smith, Samuel, *esquire*, M. P.
Smith, T. A., *esquire*
Smith, tenente, J. S., R. M.
Smith, William, *esquire*, M. P.
Somers, lorde
Somerset, duque de
Somerset, duquesa de
Somerset, lorde A. I. H.
Somerset, lorde R. E. H.
Somertset, lorde D. H.
Somerville, lorde
Sondes, lorde
Southampton, visconde de
Southwell, visconde de
Spencer, conde de
Spencer, condessa de
Spencer, lorde F. A.
Spencer, lorde Robert
St John, lorde
St. Albans, duque de
St. Alben's, duquesa de
St. Aubyn, *sir* John, baronete, M. P.
St. Helens, lorde
St. Vincent, conde de
Stair, conde de
Stamford, conde de
Stanhope, conde de
Stanley, lorde

Stanley, Thomas, *esquire*, M. P.
Stantforth, John, *esquire*, M. P.
Stanton, lorde
Stawell, lorde
Stevens, J., *esquire*, M. P.
Stevens, Samuel, *esquire*, M. P.
Steward, R. T., *esquire*, M. P.
Stewart, honorável C. W., M. P.
Stewart, honorável M. G., J. M. P.
Stewart, James, *esquire*, M. P.
Stewatt, *sir* James, baronete, M. P.
Stopford, visconde de
Stourton, lorde
Strahan, Andrew, *esquire*, M. P.
Strathmore, conde de
Strutt, *lady* C.
Strutt, T. H., *esquire*, M. P.
Stuart, A. J. W., *esquire*, M. P.
Stuart, *lady* Ana
Stuart, lorde William
Sturges, W. B., *esquire*, M. P.
Stward, G. T, *esquire*, M. P.
Sudley, visconde de
Suffield, lorde
Sumerville, *sir* Marcus, baronete, M. P.
Summer, G. H., *esquire*, M. P.
Summers, viúva *lady*
Sunderlin, lorde
Sutton, honorável C. M., M. P.
Sutton, vice-almirante John
Swann, Henry, *esquire*, M. P.
Sydney, visconde de
Sykes, *sir* M. M., baronete, M. P.

Symond, T. P., *esquire*, M. P.
Symour, lorde Robert

Talbot, conde de
Talbott, R. W., *esquire*, M. P.
Tample, conde de
Tankerville, conde de
Tara, lorde
Tarleton, general Bannastre, M. P.
Taylor, Brook, *esquire*
Taylor, C. W., *esquire*, M. P.
Taylor, Esward, *esquire*, M. P.
Taylor, M. A., *esquire*, M. P.
Taylor, William, *esquire*
Tempest, *sir* H. Vane, baronete, M. P.
Templetown, visconde de
Thanet, conde de
Thellusson, G. W., *esquire*
Thomas, G. W., *esquire*, M. P.
Thomond, marquês de
Thompson, *sir* T. B., baronete, Royal Navy
Thompson, Thomas, *esquire*, M. P.
Thornton, Henry, *esquire*, M. P.
Thornton, Robert, *esquire*, M. P.
Thornton, S. U., *esquire*, M. P.
Thornton, Thomas, *esquire*, M. P.
Thorold, *sir* John, baronete
Thurlow, senhorita
Thynne, lorde George
Thynne, lorde John
Tierney, *Right* honorável G., M. P.
Tighe, William, *esquire*, M. P.
Toffnell, William, *esquire*

Torpichen, lorde
Townshend, honorável W. A., M. P.
Townshend, marquesa de
Towrrshend, honorável C. F. P., M. P.
Towshend, lorde John
Tracy, C. H. *esquire*, M. P.
Traquire, conde de
Tremay, J. H., *esquire*, M. P.
Tudway, Clement, *esquire*, M. P.
Turner, J. F., *esquire*, M. P.
Turton, *sir* Thomas, baronete, M. P.
Tweedale, marquês de
Tyrawly, lorde
Tyrcounel, conde de
Tyrwhitt, T. D. D., *esquire*, M. P.
Tyrwhitt, Thomas, *esquire*, M. P.

Upper Ossery, conde de
Uxbridge, conde de

Valentia, visconde de
Vance, George, *esquire*, doutor em Medicina
Vander Heydon, D., *esquire*, M. P.
Vanghan, honorável John, M. P.
Vansittart, George, *esquire*, M. P.
Vansittart, honorável N., M. P.
Vaughan, *sir* R. W., baronete, M. P.
Ventry, lorde
Vereker, Charles, *esquire*, M. P.
Vernon, Venables, *esquire*, M. P.

Villiers, honorável T. C., M. P.
Vyse, R. W. H., *esquire*, M. P.

Waldegrave, conde de
Waldegrave, viúva condessa de
Walker, capitão Robert, R. N.
Walker, senhora
Wallace, *Right* honorável T., M. P.
Wallscourt, lorde
Walpote, honorável George, M. P.
Walpote, lorde
Walsh, *sir* J. B., baronete
Walsingham, lorde
Ward, honorável J. W., M. P.
Warrender, *sir* Gep., baronete, M. P.
Warwick, conde de
Waterford, marquês de
Waterpark, lorde
Watsh, B., *esquire*, M. P.
Watson, general
Watson, senhora Haniner
Wedderburn, *sir* David, baronete, M. P.
Welby, William conde de, *esquire*, M. P.
Weld, Thomas, *esquire*, 3 exemplares
Wellesley, marquesa de
Wemys, William, *esquire*, M. P.
Wentworth, conde de
Western, C. C., *esquire*, M. P.
Westmeath, conde de
Westmoreland, conde de
Wharton, J., *esquire*, M. P.

Wharton, Richard, *esquire*, M. P.
Whitbread, Samuel, *esquire*, M. P.
Whitmore, Thomas, *esquire*, M. P.
Whittle, F., *esquire*, M. P.
Whitworth, lorde
Wicklow, conde de
Wigram, Robert, *esquire*, M. P.
Wigram, William, *esquire*, M. P.
Wigtown, conde de
Wilberforce, William, *esquire*, M. P.
Wilder, coronel F. John, M. P.
Wilkins, Walter, *esquire*, M. P.
Willboughby, Henry, *esquire*, M. P.
Williams, Owen, *esquire*, M. P.
Williams, Robert, *esquire*, M. P.
Williams, Robert, Jun., *esquire*, M. P.
Williams, *sir* Robert, baronete, M. P.
Wilson, Griffin, *esquire*, M. P.
Wilton, conde de
Winchelsea, conde de
Winchester, marquês de
Windham, honorável C. W., M. P.
Windham, Thomas, *esquire*, M. P.
Windsor, coronel
Winnington, *sir* E. T., baronete, M. P.
Winterton, conde de
Winterton, *lady*
Wood, coronel *sir* M., baronete, M. P.
Wood, Thomas, *esquire*, M. P.
Woodhouse, lorde
Woolley, capitão R. N.
Wortley, J. A. S., *esquire*
Wyndham, H. P. *esquire*, M. P.
Wynne, C. W. *esquire*, M P.

Yarborough, lorde
Yarmouth, conde de, M. P.
York, *Right* honorável C. P., M. P.
York, *sir* J. S. Knt., M. P.
Young, almirante William

Este livro foi impresso nas oficinas da
DISTRIBUIDORA RECORD DE SERVIÇOS DE IMPRENSA S.A.
Rua Argentina, 171 – Rio de Janeiro, RJ
para a
EDITORA JOSÉ OLYMPIO LTDA.
em março de 2008

*

76º aniversário desta Casa de livros, fundada em 29.11.1931